Des contentieux de l'action publique locale

Actes du colloque du Grale qui s'est tenu à l'Université de Bourgogne, Dijon, les 17 et 18 mars 2016

5-7, rue de l'Ecole-Polytechnique, 75005 Paris

http://www.editions-harmattan.fr

ISBN : 978-2-343-12879-5
EAN : 9782343128795

Sous la direction de
Jean-Luc Pissaloux

Des contentieux de l'action publique locale

L'Harmattan

LE GRALE

Nicolas Kada, Directeur des publications du GRALE
Maud Lesueur, Chargée des publications

Le GRALE (Groupement de Recherche sur l'Administration Locale en Europe) est un groupement d'intérêt scientifique (GIS), rattaché au CNRS, et fondé sur un contrat de quatre ans renouvelable associant au Centre national de la recherche scientifique plusieurs institutions ou entreprises : les universités Paris-I - Panthéon-Sorbonne, Reims-Champagne-Ardenne - CRDT, et Lille-II - Droit et Santé - CERAPS, l'Institut d'études politiques d'Aix-en-Provence, Électricité de France, le Centre national de la fonction publique territoriale, la Mutuelle nationale territoriale et d'autres institutions ou entreprises, en fonction des projets.

Le GRALE, qui réunit une quarantaine de centres de recherches et institutions scientifiques nationales et internationales, a pour mission de promouvoir des recherches sur les collectivités locales, l'action publique territorialisée et des problèmes juridiques qui s'y rapportent. Il trouve sa raison d'être dans le réseau dense et diversifié des équipes de recherche ou associations scientifiques des diverses disciplines qu'il contribue à entretenir et à stabiliser. Ce réseau forme la base de l'Observatoire national de la décentralisation mis en place par le GRALE en 2004 en partenariat avec le ministère de l'Intérieur, et qui continue son activité de manière indépendante.

Le GRALE est également au centre d'un réseau international associant des chercheurs de plus de trente pays.

Contacts :
Université Paris-I - 9 rue Malher - 75181 PARIS CEDEX 04
Tél. : 01 44 78 33 44 ; Mel : grale@univ-paris1.fr
site : http://grale.univ-paris1.fr

Dernières parutions

Guillaume Gourgues et Matthieu Houser (dir.), *Austérité et rigueur dans les finances locales*, 2017.

Sébastien Bédé et Jacques Spindler (dir.), *Les contrats de destination*, un outil d'attractivité et de valorisation des territoires, 2017.

Pierre-Yves Chicot (dir.), *Mutation des communes. Quelle intercommunalité de projets ? Pour quel développement des territoires locaux ?*, 2016.

Marie-Christine Steckel-Assouère (dir.), *La recomposition territoriale : La décentralisation entre enjeux et obstacles*, 2016

Laurent Rieutort, Jacques Spindler (dir), *Le tourisme de mémoire, un atout pour les collectivités territoriales ?*, 2015.

Remerciements

L'organisation et la tenue d'un colloque, puis la publication des actes, sont toujours une œuvre collective, qu'il n'est plus possible de réaliser sans le soutien de nombreux partenaires : le colloque « Contentieux de l'action publique locale », qui s'est tenu à Dijon les 17 et 18 mars 2016, n'échappe point à cette règle et à cette nécessité !

Aussi, est-il agréable, à la fin de ce long processus, de remercier tous ceux qui y ont œuvré et qui ont contribué au succès de cette manifestation, organisée en trois demi-journées, lesquelles se sont déroulées successivement à la Chambre régionale des comptes Bourgogne-Franche-Comté, au Tribunal administratif de Dijon et enfin à l'université de Bourgogne.

Je tiens d'abord à remercier M. Roberto Schmidt, Président de la chambre régionale des comptes Bourgogne-Franche-Comté et M. Marc Heinis, Président du tribunal administratif de Dijon, qui ont immédiatement manifesté de l'intérêt pour cette manifestation, qui ont bien voulu nous accueillir et nous faire l'honneur de présider chacun une demi-journée.

Je tiens à remercier ensuite tous les intervenants, collègues ou non, qu'ils aient ou non fourni une contribution écrite. J'adresse donc mes plus vifs remerciements aux personnes suivantes, citées par ordre alphabétique : Mmes Nelly Ach, Aurore Granero, Florence Lerique ; et MM. Michel Carles, Jérôme Dossi, Matthieu Houser, Michel Le Clainche, Jean-Marie Pontier, Bernard Quiriny, Patrice Raymond et Christian Robbe-Grillet.

Je tiens également à remercier tout particulièrement mon collègue Patrice Raymond, maître de conférences de droit public à l'Université de Bourgogne, qui a assuré avec efficacité l'interface avec la Chambre régionale des comptes.

Je tiens en outre à remercier très vivement le Professeur Jean-Claude Némery, Président du Conseil scientifique du GRALE, qui a accepté de soutenir financièrement la publication des actes du colloque.

Je tiens enfin à remercier, pour leur aide logistique si précieuse et irremplaçable, Mmes Martina Mayer-Perreau, du laboratoire CREDESPO, et Maud Lesueur, Secrétaire générale du GRALE, sans lesquelles la tenue du colloque, puis la publication des actes n'auraient pu se faire.

Jean-Luc PISSALOUX

Sommaire

Auteurs

DOSSI Jérôme	Procureur financier près la chambre régionale des comptes de Bourgogne-Franche-Comté
GRANERO Aurore	Maître de conférences de droit public, Université de Bourgogne-Franche-Comté, Laboratoire CREDESPO
HOUSER Matthieu	Maître de conférences HDR de droit public, Université de Bourgogne-Franche-Comté
LE CLAINCHE Michel	Directeur régional honoraire des finances publiques. Rédacteur en chef de la revue *Gestion & Finances Publiques*
LERIQUE Florence	Maître de conférences HDR, CERDARE, GRALE, Université de Bordeaux-IV *(à l'époque du colloque)*
PISSALOUX Jean-Luc	Professeur de droit public, Université de Bourgogne *(à l'époque du colloque)*, Vice-président du Conseil scientifique du GRALE
PONTIER Jean-Marie	Professeur émérite, Université d'Aix-Marseille
QUIRINY Bernard	Professeur de droit public, Université de Bourgogne-Franche-Comté

Mise en pages : Maud Lesueur, SG GRALE

AVANT-PROPOS

Jean-Luc PISSALOUX

Professeur de droit public
Université de Bourgogne (à l'époque du colloque)[1]
Vice-Président du Conseil scientifique du GRALE

Cet ouvrage retrace la quasi-totalité des actes du colloque « Contentieux de l'action publique locale »[2] qui s'est tenu à Dijon les 17 et 18 mars 2016.

Ce colloque s'est inscrit dans le cadre des rencontres annuelles du contentieux local lancées par le Groupement de recherches sur l'administration locale en Europe (GRALE). La tenue de cette manifestation a été l'occasion de renouer avec l'ambition qui avait présidé au lancement de ces rencontres périodiques, à savoir la

1. Jean-Luc Pissaloux est maintenant professeur à l'Institut d'Études Politiques de Lyon.

2. Les introductions des présidents Roberto Schmidt et Marc Heinis, les communications de Mme Nelly Ach et de M. Christian Robbe-Grillet, respectivement conseiller et Premier conseiller au tribunal administratif, et de M. Michel Carles, Premier conseiller à la chambre régionale des comptes Bourgogne-Franche-Comté ainsi que les propos échangés lors des deux tables rondes tenues au sein des deux juridictions à l'occasion du colloque, n'ont pas pu en effet être insérés dans le présent ouvrage.

volonté de traiter – autant que possible – des divers contentieux auxquels peuvent être confrontés les collectivités territoriales et les établissements publics de coopération intercommunale (EPCI) : c'est pourquoi l'édition 2016 de ces rencontres annuelles du contentieux local a été organisée en trois demi-journées, qui se sont déroulées successivement à la Chambre régionale des comptes Bourgogne-Franche-Comté, au Tribunal administratif de Dijon et enfin à l'université de Bourgogne, avec une première phase dédiée aux contentieux budgétaire et financier des collectivités territoriales et une deuxième phase consacrée aux divers contentieux suscités par l'action de ces collectivités devant le juge administratif, et enfin un dernier temps de restitution et de discussion à l'université.

Ce colloque a donc été consacré au contentieux devant le juge des comptes, d'une part, et à celui devant le juge administratif, d'autre part : il a parfaitement illustré la variété et l'étendue des contentieux susceptibles d'être générés par l'action publique locale.

Le présent ouvrage, même s'il ne rassemble pas la totalité des communications intervenues, est le reflet de cette manifestation particulièrement riche et foisonnante ; il comprend deux parties : la première est dédiée aux contentieux budgétaire et financier des collectivités territoriales, et la seconde est consacrée à divers contentieux suscités par l'action des collectivités territoriales devant le juge administratif.

La première partie de ces actes de colloque débute par une contribution d'un grand commis de l'État, ancien directeur régional des finances publiques, Michel Le Clainche. Dans son intervention, celui-ci a évoqué ce pilier du droit de la comptabilité publique, qu'est la responsabilité personnelle et pécuniaire des comptables publics : ce pilier, lui-même corollaire du principe de séparation des ordonnateurs et des comptables, a pour objet de garantir un respect scrupuleux des règles financières par les comptables ainsi du reste que par les gestionnaires (les « ordonnateurs »). Le dispositif traditionnel était certes bien rôdé, mais suscitait cependant des critiques nombreuses et récurrentes. C'est pourquoi il a été notablement modifié en 2008 puis en 2011. L'ancien comptable public supérieur montre comment les innovations se sont progressivement mises en place, et comment elles ont donné lieu – depuis 2013 – à un contentieux nouveau, foisonnant, difficile à interpréter et non exempt de contradictions : selon Michel Le Clainche en effet, la réforme récemment intervenue apparaît comme le fruit d'un compromis particulièrement complexe, à l'origine de bien des interrogations, et les débuts de sa mise en œuvre sont encore incertains et pourraient dès lors appeler des évolutions.

L'universitaire Matthieu Houser s'est, quant à lui, intéressé à l'apport du juge administratif au principe d'équilibre des budgets locaux, qui est énoncé à la fois dans le Code général des collectivités territoriales et dans celui des juridictions financières, et qui, selon cet auteur, « constitue, sans doute, la charpente des finances locales ». La place prépondérante accordée à ce principe explique – et est illustrée par – l'apparition d'une jurisprudence particulièrement abondante et évolutive. L'évolution de la jurisprudence administrative en la matière permet tout à la fois d'approfondir le contenu de l'équilibre budgétaire et de mieux contrôler l'intervention des acteurs concernés.

Enfin, le procureur financier Jérôme Dossi a traité de la notion complexe de préjudice financier dans le jugement des comptes. Cette notion de préjudice financier, introduite à la faveur d'un amendement parlementaire dans la loi de finances rectificative pour 2011, a modifié les conditions de mise en jeu de la responsabilité personnelle et pécuniaire des comptables, et a eu pour effet d'enrichir l'office du juge des comptes et, par là même, les relations entre juge, comptables et organismes publics. Jérôme Dossi, aux termes de son analyse, montre en quoi l'ancrage juridique de cette notion a abouti à modifier l'appréhension de la responsabilité des comptables publics par leur juge, et comment cette évolution conduit à s'interroger sur l'inadéquation partielle entre l'office juridictionnel de ce juge et la réalité du partage des responsabilités au sein du secteur public local.

Dans la seconde partie de l'ouvrage, sont évoqués divers contentieux suscités par l'action des collectivités territoriales devant le juge administratif.

Aurore Granero évoque tout d'abord le contentieux des schémas départementaux de coopération intercommunale (SDCI) lié au développement de l'intercommunalité et à l'obligation posée par la loi du 16 décembre 2010 de réforme des collectivités territoriales de couvrir la totalité du territoire national par des structures intercommunales. Cette loi a en effet imposé à toutes les communes de rejoindre un EPCI, et a en outre conféré aux préfets des pouvoirs exceptionnels pour pousser à la transformation, à l'extension ou encore à la fusion d'EPCI. On s'en doute, ce regroupement intercommunal forcé a suscité un fort contentieux de la part de communes mécontentes des frontières qu'on leur imposait et qui n'ont pas hésité à aller devant le juge pour faire prévaloir le principe de libre administration et leur pouvoir décisionnel. Dans sa contribution, Aurore Granero montre que, dans un premier temps, le contentieux des SDCI ne s'est pas avéré favorable aux communes dans la mesure où le juge administratif a qualifié les schémas d'actes préparatoires, mais que, dans un second temps, la jurisprudence a rebondi par la voie de l'exception laquelle a permis aux différents acteurs de l'intercommunalité de contester indirectement les SDCI en attaquant les décisions préfectorales prises sur la base de ces documents prospectifs.

Bernard Quiriny s'est intéressé au fonctionnement des assemblées locales, et donc au contentieux suscité par celui-ci. La violation des règles de fonctionnement des assemblées locales est en effet un moyen de légalité externe souvent employé par les requérants pour attaquer leurs délibérations ; et il apparaît effectivement, pour reprendre les propos de cet auteur, que le juge administratif « prend naturellement ces règles au sérieux, car elles touchent à un principe essentiel, celui de la démocratie représentative locale ». C'est pourquoi ses décisions qui traduisent une approche pragmatique consacrent la constante « recherche d'un compromis entre rigueur et réalisme » : selon Bernard Quiriny en effet, il apparaît tout à la fois que le juge administratif protège la démocratie représentative locale, mais qu'il laisse aussi aux assemblées locales la souplesse de fonctionnement dont elles ont besoin.

Étudier, comme le fait Florence Lerique, le contentieux de l'urbanisme présente un intérêt fondamental et singulier pour reprendre le qualificatif utilisé par cet auteur qui n'hésite pas, dans sa contribution écrite, à se référer à la conclusion du rapport *Le juge administratif et l'urbanisme* établi en 2016 par le Conseil d'État, conclusion aux termes de laquelle « le contentieux actuel [...] se distingue aujourd'hui par certaines particularités procédurales [...] qui traduisent [...] la recherche d'un équilibre entre le droit de construire et le droit au recours contentieux ». Aussi, pour dresser un bilan jurisprudentiel d'une année de contentieux de droit de l'urbanisme, Florence Lerique, dans le droit fil de cette conclusion, s'intéresse-t-elle tout particulièrement à deux questions, qui structurent son propos, celle de l'indépendance des législations et celle de la sécurité juridique en matière d'urbanisme, questions qui lui permettent de montrer l'originalité sur de nombreux points du contentieux de l'urbanisme.

En 2014 ont eu lieu les élections municipales. Comme d'habitude, celles-ci ont généré un flux de contentieux, illustré par de nombreuses décisions intervenues pour la plupart en 2015. Aussi, est-il apparu opportun de présenter ce contentieux spécifique lié à la vie des collectivités locales du premier échelon : les communes. Dans sa contribution, Jean-Luc Pissaloux a traité de la question particulière du contrôle du financement des élections municipales de 2014. Le financement des campagnes électorales – notamment des élections locales (et en particulier des élections municipales) – doit en effet respecter un certain nombre de règles, qui font l'objet d'un (ou de) contrôle(s) par une autorité administrative indépendante – la Commission nationale des comptes de campagne et des financements politiques – et éventuellement en outre par le juge de l'élection. En matière d'élections municipales, le juge administratif peut ainsi être amené à contrôler les comptes de campagne des candidats dans les communes de 9 000 habitants et plus, et à prononcer des sanctions en cas de méconnaissance des règles substantielles relatives au financement des campagnes électorales. Les élections municipales de 2014 illustrent parfaitement ces deux points, dont rend compte dans sa communication Jean-Luc Pissaloux.

Enfin, Jean-Marie Pontier a étudié le thème de l'intérêt public dans sa contribution « Le juge administratif et l'intérêt public local ». Comme le souligne d'emblée cet auteur, « L'intérêt public est la raison d'être du droit administratif : s'il n'y a pas d'intérêt public à préserver, il est inutile d'avoir un droit administratif. ». Cependant, il n'y a pas de loi définissant l'intérêt public local, comme l'intérêt général du reste : c'est uniquement la jurisprudence qui permet de circonscrire celui-ci et celui-là, ou – pour reprendre le terme de cet auteur – de les « éclairer ». L'intérêt public ou plutôt les « intérêts publics » constituent en vérité une déclinaison de l'intérêt général, comme le souligne Jean-Marie Pontier, qui démontre de façon convaincante que « l'intérêt public local a vu sa signification, sinon changer, du moins être prise en compte différemment aujourd'hui de ce qu'elle pouvait l'être au XIXe siècle ».

Ces diverses contributions permettent de mesurer la variété et la complexité du contentieux public local, ou plutôt des contentieux suscités par l'action publique locale, d'où le titre de cet ouvrage *Des contentieux de l'action publique locale*. Variété et complexité encore renforcées par nombre de réformes intervenues récemment : il est clair, en effet, que la multiplicité des normes ne peut que générer des contentieux de plus en plus nombreux et de plus en plus délicats. Puissent les contributions ici rassemblées permettre d'apporter des éclaircissements ainsi que des pistes de réflexion, et sur ces contentieux, et sur les normes encadrant l'action publique locale, et cela aussi bien aux universitaires qu'aux praticiens, aux fonctionnaires territoriaux et aux élus locaux !

Première partie

LES CONTENTIEUX BUDGÉTAIRE ET FINANCIER DES COLLECTIVITÉS TERRITORIALES

LA RÉFORME DE LA RESPONSABILITÉ DES COMPTABLES PUBLICS VUE PAR L'UN D'ENTRE EUX[1]

Michel LE CLAINCHE
Directeur régional honoraire des finances publiques
Rédacteur en chef de la revue Gestion & Finances Publiques

La responsabilité personnelle et pécuniaire des comptables publics est un des piliers du droit de la comptabilité publique[2]. Corollaire du principe de séparation des ordonnateurs et des comptables, elle a pour objet de garantir un respect scrupuleux des règles financières par les comptables et aussi par les gestionnaires. Les comptables publics, qui bénéficient d'un monopole pour exécuter les dépenses et les recettes publiques, doivent exercer un contrôle de la régularité des décisions financières des gestionnaires (les « ordonnateurs »). Leurs comptes sont soumis à l'examen des juridictions financières (Cour des comptes et chambres territoriales et régionales des comptes sous le contrôle du Conseil d'État, juge de cassation) qui peuvent mettre

1. L'auteur est directeur régional des finances publiques honoraire, et, actuellement, rédacteur en chef de la revue *Gestion et Finances Publiques*. Ses propos sont nécessairement subjectifs et strictement personnels.
2. Il remonte au moins à l'ordonnance de Vivier-en-Brie du 17 avril 1320.

en jeu leur responsabilité personnelle et pécuniaire si l'examen des comptes fait apparaître des irrégularités, « manquements » ou des « diligences insuffisantes ».

Le dispositif traditionnel était bien rôdé, mais faisait l'objet de critiques récurrentes. Il a été notablement modifié en 2008 (loi nº 2008-1091 du 28 octobre 2008) et en 2011 (article 90 de la loi nº 2011-1978 du 28 décembre 2011 de finances rectificative pour 2011). Le nouveau système se met en place progressivement et a donné lieu depuis 2013 à un contentieux nouveau, abondant, difficile à interpréter et non exempt de contradictions. Même s'il est impossible de porter un jugement définitif sur une réforme récente, celle-ci apparaît comme le fruit d'un compromis particulièrement complexe qui suscite des interrogations (I) et les débuts de sa mise en œuvre sont encore incertains et pourraient appeler des évolutions (II).

I. Un compromis complexe qui suscite des interrogations

Le système de responsabilité met en jeu trois acteurs : l'ordonnateur, qui décide des dépenses et des recettes, le comptable, qui contrôle leur régularité et les exécute, et le juge financier qui apprécie la régularité des comptes. Ce dispositif a été notablement modifié dans la période récente dans le sens d'une extension des pouvoirs du juge.

A. Le dispositif de base de la responsabilité personnelle et pécuniaire : un système formaliste et abstrait

Il résulte de l'article 60 de la loi de finances du 23 février 1963 qui a fait l'objet de modifications successives. La responsabilité du comptable public est très large. Elle porte sur l'ensemble de ses comptes, de manière exhaustive. Le juge reçoit chaque année l'intégralité des documents comptables et des pièces justificatives.

Le comptable public est responsable de l'activité ou des éventuelles négligences de ses collaborateurs. Dans certaines conditions, il peut même être tenu pour responsable des actes de ses prédécesseurs.

Le contrôle que le comptable doit exercer sur les actes de l'ordonnateur porte sur la régularité financière qui se distingue plus ou moins clairement de la légalité interne et de la pure opportunité.

Dans son principe, cette responsabilité est appréciée abstraitement sans prise en considération des circonstances particulières de l'affaire : l'insuffisance des effectifs, une panne d'ordinateur, un motif d'intérêt général, une instruction formelle de l'ordonnateur… ne constituent pas des « circonstances atténuantes ». L'adage « Le juge juge les comptes et non les comptables » exprime cette attitude constante des juges financiers, ce qui ne manque pas d'inquiéter les comptables.

Cette responsabilité est dite « personnelle et pécuniaire » parce que le comptable peut être condamné par le juge à verser à la collectivité les sommes qui auraient été irrégulièrement décaissées ou non recouvrées. Il peut être ainsi poursuivi même après sa sortie de fonctions, la prescription étant de six ans. Pour pouvoir faire face à un tel risque, les comptables déposent un cautionnement et souscrivent des assurances onéreuses.

Toutefois, le comptable peut s'exonérer de sa responsabilité en cas de force majeure. Cette notion est interprétée restrictivement par les juridictions financières.

L'autre mécanisme d'atténuation de la responsabilité résulte du pouvoir du ministre d'accorder une remise gracieuse des sommes mises à la charge du comptable, point crucial qui a constitué l'un des enjeux de la réforme de 2011. Ce pouvoir conféré au ministre répond à la nécessité de tenir compte des conditions concrètes de l'exercice des missions des comptables et, notamment de l'éventuelle insuffisance de ses moyens, argument souvent invoqué par les comptables, mais totalement inopérant pour les juges.

Ce caractère abstrait de la mise en jeu de la responsabilité des comptables a été renforcé par la réforme de 2008.

B. La réforme de 2008 – une juridictionnalisation renforcée

Contrairement à l'opinion exprimée alors par certains membres de la Cour des comptes, la procédure suivie n'était pas parfaitement conforme aux critères du procès équitable posé par l'article 6-1 de la Convention européenne des droits de l'homme. On pouvait plaider que l'examen des comptes ne relevait pas d'une telle convention, mais le juge européen, saisi par un comptable, a relevé, à juste titre, que la procédure impliquait bien des conséquences sur le patrimoine des personnes et que celles-ci avaient droit à un procès juste et équitable[3].

La procédure devant les juridictions financières a donc été adaptée sur quelques points importants : suppression de la procédure de jugement provisoire ; séparation des phases d'instruction, de poursuites et de jugement ; examen contradictoire des pièces ; audience publique.

Ainsi réformée, la procédure devant les juridictions financières apporte encore plus de garanties. Les comptables sont jugés par des organes indépendants et collégiaux au terme d'une procédure transparente et rigoureuse.

Toutefois, ces réformes n'ont pas atténué les critiques de principe adressées à la procédure de mise en jeu de la responsabilité des comptables publics.

C. La réforme de 2011 – un compromis

Le système était bien rodé. Il faisait l'objet d'une abondante jurisprudence de la Cour, des chambres et du Conseil d'État et de savants commentaires de la doctrine : ainsi pour les notions de force majeure, de régularité financière, de diligences suffisantes pour le recouvrement des recettes, de pièces justificatives de la dépense…

Il faisait toutefois l'objet de plusieurs critiques de diverses origines.

3. Cour européenne des droits de l'homme, 13 janvier 2004 et 12 avril 2006, *Martinie*, n° 58675/00.h.

Les comptables s'étonnaient du caractère abstrait de la mise en jeu de leur responsabilité et du refus systématique des juges de prendre en considération leurs « excuses » : les faibles enjeux de certaines irrégularités, la qualité de l'ensemble de leur gestion, les relations avec l'ordonnateur, la propension plus ou moins grande de celui-ci à respecter les règles, l'insuffisance de leurs effectifs au regard de l'accroissement des charges... Ils s'indignaient tout particulièrement des cas où la juridiction sanctionnait une irrégularité simplement formelle par rapport aux règles de la comptabilité publique lorsque celle-ci n'avait pas entraîné de conséquences pour les finances de l'organisme public. C'est le thème des « débets sans préjudice » auquel les juges n'étaient pas insensibles puisqu'il leur arrivait de renoncer à mettre en débet un comptable dans certains de ces cas (par exemple, une irrégularité formelle régularisée ultérieurement).

Les juges formulaient de longue date une critique fondamentale qui a fini par trouver un écho favorable à l'Assemblée nationale. Le pouvoir de remise gracieuse du ministre, qui aboutissait à effacer partiellement les effets des jugements rendus, leur paraissait une survivance de la théorie du « ministre-juge » ou d'une « justice retenue » au mépris de l'autorité judiciaire. Il est vrai que les remises gracieuses, dont aucune statistique n'est publiée, sont parfois larges et atténuent très fortement les effets concrets de la responsabilité des comptables. En sens inverse, le ministre est bien l'autorité hiérarchique des comptables publics. Il est responsable de l'organisation de leur service et des moyens qui leur sont alloués. Il n'est donc pas anormal qu'il tempère des jugements *in abstracto* par la prise en considération des conditions d'exercice effectif de l'activité.

Un premier compromis avait été négocié ente la Cour des comptes et le ministère des Finances selon lequel le pouvoir de remise gracieuse serait soumis à l'avis de la Cour au-delà d'un certain seuil[4],

4. Article 9 du décret n° 2008-228 du 5 mars 2008.

avis que l'administration a systématiquement respecté. Mais la question de principe demeurait entière. Elle fera l'objet d'un second compromis.

D. Le système actuel – une dualité de régime autour de la notion de préjudice

L'enjeu de la réforme de 2011 a donc été, pour les juridictions, de limiter le pouvoir de remise gracieuse du ministre et, en mode mineur, pour l'administration, d'éliminer les débets sans préjudice.

La réforme a consisté, d'une part, à organiser une pénalisation des comptables sur décision des juges dans tous les cas d'irrégularité et, d'autre part, à limiter le pouvoir de remise gracieuse du ministre. Les nouvelles dispositions s'insèrent dans le dispositif existant, si bien que certains éléments du cadre juridique tels que le champ de la responsabilité ou la notion de force majeure ne sont pas affectés directement par la réforme.

Lorsque l'irrégularité ou le « manquement » qui résulte de l'examen des comptes a causé un préjudice à la collectivité publique, le système traditionnel de mise en débet avec possibilité de remise gracieuse s'applique dans les mêmes conditions qu'auparavant sous réserve que la remise doit laisser à la charge du comptable un minimum incompressible (ou « somme irrémissible »), fixé par les textes réglementaires à 3 pour mille du montant du cautionnement du comptable. Ce minimum n'est pas exigé en cas de décès du comptable ou lorsque celui-ci a respecté un plan de contrôle sélectif.

Lorsque l'irrégularité ou le manquement n'a pas causé de préjudice à la collectivité publique, le comptable est passible d'une sanction « forfaitaire » d'un montant maximum égal à 1,5 pour mille du cautionnement des comptables[5]. Dans cette hypothèse et seulement dans celle-ci, le juge peut tenir compte des circonstances de l'espèce pour moduler la sanction.

Tel est le système de mise en jeu de la responsabilité des comptables qui ressort des dernières réformes. Son application est pour le moins délicate.

II. Un système de responsabilité qui n'est pas définitivement stabilisé

Le dispositif issu de la tradition modifiée par les réformes de 2008 et 2011 est complexe. Mais il est encore trop récent pour porter un jugement définitif. Il pose de nombreuses questions et suscite des critiques. Mis en perspective, il peut ouvrir de nouvelles pistes d'évolution.

A. Les difficultés d'interprétation

Un premier point a fait l'objet de divergences de vues entre les juges et les comptables : la question du cumul des sanctions. La lettre du texte et les débats parlementaires pouvaient laisser penser que les sommes « irrémissibles » laissées à la charge des comptables se calculaient par exercice ou par jugement et non « manquement par manquement ». L'argument de fait en faveur de cette thèse était que la répétition d'une même « erreur » est fréquente et qu'un calcul par manquement ferait dépendre le montant de la sanction de la fréquence d'une catégorie de paiement (par exemple, une irrégularité dans le calcul d'une prime se répète chaque mois pour l'ensemble des paies d'une même catégorie de personnel). Le Conseil d'État a sans ambiguïté et rapidement tranché la question en faveur de la thèse de la Cour qu'il s'agisse des sommes irrémissibles en l'absence de

5. La nature juridique de ces sanctions n'est pas claire. Elles s'assimilent plus à des sanctions professionnelles qu'à des sanctions pénales.

préjudice ou de laissé à charge après remise gracieuse[6]. Toutefois, la Cour, après avoir semblé adopter une interprétation très pénalisante pour les comptables[7], semble retenir une conception nuancée et adaptée en prenant en considération les catégories ou les séries de manquements qu'elle ne sanctionne qu'une seule fois.

La notion fondamentale du nouveau dispositif, le préjudice, a déjà donné lieu à des jurisprudences abondantes, parfois contradictoires, mais le plus souvent dictées par une conception très extensive du préjudice financier. Parmi les nombreuses hypothèses où la question de savoir si l'irrégularité relevée par le juge a causé un préjudice à la collectivité, quelques exemples montrent la difficulté de l'exercice : le paiement d'une dépense prescrite par une autorité incompétente, mais présentant un caractère obligatoire pour la collectivité ; le paiement d'une prestation qui n'a pas fait l'objet d'un marché régulier, mais qui a donné lieu à une facture détaillée et à un « service fait » non contesté ; le paiement d'une subvention non accompagnée de la convention nécessaire au-dessus d'un seuil de 23 000 euros alors que la volonté de la collectivité et l'identité du bénéficiaire ne sont pas contestées ; le versement d'heures supplémentaires non précédé d'une décision individuelle d'attribution alors qu'elles correspondent à des services effectués et sont conformes à une délibération ; l'absence de déclaration d'une créance au passif d'une liquidation en temps utile alors que la créance est irrécouvrable… Causent-ils un préjudice à la collectivité ? Les premiers jugements des chambres régionales des comptes sur ces questions ont parfois divergé et certains se sont montrés extrêmement sévères. La Cour s'efforce de donner progressivement des solutions à ces questions et d'harmoniser la

6. CE 21 mai 2014, *Conservatoire du littoral et des rivages lacustres* (pour les sommes non rémissibles) ; CE 27 mai 2015, *Trésorier payeur général du Rhône* (pour les laissés à charge après remise gracieuse).

7. C. comptes, 7 avril 2004, *Office national interprofessionnel des plantes à parfum aromatiques et médicinales* : la Cour sanctionne 50 irrégularités, toutes identiques relatives à un défaut de signature des ordres de mission.

jurisprudence en tenant compte le plus souvent de l'intention de la collectivité à condition que celle-ci soit explicitée par un document préalable au paiement.

Enfin, les commentateurs les plus avisés ont fait observer que la possibilité de sanctionner par une somme irrémissible les manquements qui n'ont pas causé de préjudice pouvait aboutir à sanctionner des erreurs de pure forme et donc à faire renaître les débets sans préjudice alors même que, dans sa jurisprudence antérieure à la réforme, la Cour des comptes avait renoncé à toute mise en débet pour certains de ces motifs. Ainsi des chambres régionales des comptes ont sanctionné des comptables pour une imputation erronée en fonctionnement d'une dépense d'investissement, pour l'attribution d'une nouvelle bonification indiciaire sans décision individuelle d'attribution, pour une dépense irrégulière, mais remboursée par le bénéficiaire, pour le paiement d'heures supplémentaires effectuées en l'absence d'une délibération expresse et précise, pour le règlement de frais de missions sans ordre de mission signé par la personne compétente, pour un paiement inférieur à la somme due…

B. Une réforme « inachevée »

Au-delà de la complexité et des difficultés d'interprétation, peut-être provisoires, la réforme fait l'objet de critiques plus fondamentales.

La distinction de régime entre les cas de préjudice et ceux d'absence de préjudice, outre la difficulté de distinguer les deux branches du dispositif, n'a pas une finalité très claire. Si le laissé à charge minimum est, en général, plus élevé en cas de préjudice (sauf cas d'application d'un contrôle sélectif), il arrive qu'en l'absence de préjudice le juge sanctionne le comptable de la pénalité maximale. Inversement, le maintien d'un large pouvoir de remise gracieuse dans l'hypothèse de préjudice, la plus fréquente, a laissé subsister l'essentiel du dispositif ancien si fortement critiqué. D'ailleurs, certains commentateurs relèvent la modestie relative des sommes en jeu (de 0 à 500 euros d'après le dernier rapport de la Cour) relativise les débats surtout si on y ajoute le jeu des assurances. On peut objecter que le système de la responsabilité personnelle et pécuniaire a fait ses preuves dans la constitution d'une culture de rigueur à la direction de la comptabilité publique et qu'il est le support essentiel des comptables face à des ordonnateurs qui sont parfois tentés de s'affranchir des règles. À vrai dire, personne n'a vraiment intérêt à bousculer l'édifice, même s'il est fragile : les membres de la Cour des comptes et des chambres régionales sont attachés à leur statut de magistrat ; la doctrine commente avec brio des textes complexes ; les comptables ne prennent pas le risque de modifier l'équilibre qui pourrait être modifié à leur détriment ; les ordonnateurs proclament leur confiance dans les comptables dont la responsabilité les protège.

C. Une meilleure prise en compte des circonstances de l'espèce

Il est sans doute possible d'atténuer le caractère abstrait du jugement des comptes en tenant compte des circonstances de l'exercice des missions du comptable. Dans le cadre des textes actuels, ce réalisme et cette adaptabilité ne sont possibles que dans le cas de l'absence de préjudice. Une jurisprudence commence à émaner des chambres régionales qui utilisent en général avec une grande mesure cette faculté. Mais certaines sont même allées jusqu'à une « modulation zéro » de la sanction après avoir relevé le manquement, ce qui ne semble pas apprécié par la Cour des comptes[8].

On peut se demander si cette appréciation concrète ne pourrait pas être généralisée. L'administration et les comptables émettent souvent une objection. Cet élargissement de l'office du juge le ferait entrer encore plus profondément dans le fonctionnement des administrations et pourrait menacer à terme l'autorité hiérarchique. Il est sans doute possible, en adaptant les textes, de prévoir une prise en compte des circonstances qui permettraient de nuancer la sévérité de certains jugements, de tenir compte de la réalité. Le débat contradictoire et la constitution progressive d'une jurisprudence sous le contrôle

8. C. comptes, 19 novembre 2015, *Commune de Gujan-Mestras*.

des juridictions supérieures sont une garantie suffisante pour les comptables contre les risques d'une trop grande « subjectivation » du jugement des comptes.

Un autre aspect du réalisme est la prise en compte du contrôle sélectif sous la forme du contrôle hiérarchisé (sélection de dépenses à contrôler selon des critères objectifs) ou du contrôle partenarial (sélection des dépenses à contrôler en fonction de la qualité du contrôle interne de l'ordonnateur). Ces modes de contrôle, qui conduisent le comptable public à ne pas examiner tous les mandats, ont été mis en place sans texte puis prévus dans le décret du 7 novembre 2012 sur la gestion budgétaire et comptable publique. Les juridictions financières ont, longtemps et avec constance, refusé de tenir compte de ces procédés que les comptables ont souvent invoqués lorsque le manquement portait sur un mandat non sélectionné. La combinaison des textes de 2011 et 2012 permet désormais aux juges de tenir compte de ce contrôle sélectif au moins pour atténuer le laissé à charge en cas de préjudice. Mais les premiers jugements rendus témoignent d'une évidente réticence alors que ces procédés sont indispensables pour améliorer l'efficacité des contrôles dans le cadre de moyens en réduction.

Enfin, il serait sans doute utile de dépasser l'analyse pointilliste des comptes pour apprécier un peu plus globalement le comportement des comptables en fonction de la gravité effective des manquements, de leurs conséquences, du contexte… en un mot des enjeux.

D. La responsabilité des ordonnateurs

Enfin, le système de responsabilité des comptables doit être mis en relation avec celui de l'irresponsabilité des ordonnateurs. Il arrive encore trop souvent que les juridictions financières sanctionnent un comptable pour faire cesser une pratique persistante d'un ordonnateur (par exemple, le versement de primes non prévues par les textes). Il serait plus simple et probablement plus efficace d'organiser une responsabilité financière des ordonnateurs dans l'esprit de la réforme préconisée par le Premier président Philippe Séguin et, aussi, dans l'esprit de la LOLF. Il est possible d'élargir les conditions de saisine et de sanction de la Cour de discipline budgétaire et financière, dont les conditions de saisine, le champ d'intervention, la procédure et le pouvoir de sanction prévus par la loi du 25 septembre 1948 modifiée sont très restrictifs.

On éviterait ainsi qu'un comptable supérieur soit sanctionné pour avoir appliqué une instruction du ministre[9] ou que le comptable d'une commune soit critiqué pour avoir exécuté une remise de créance à caractère social décidée par le maire[10].

***

*

La réforme de la responsabilité personnelle et pécuniaire des comptables n'a donc pas encore donné toute sa mesure. On peut en souligner les difficultés d'application. L'inquiétude des comptables est grande. Elle se manifeste à l'occasion de contacts informels organisés par les chambres régionales des comptes avec les associations de comptables publics ou par les statistiques de plus en plus alarmantes de l'organisme qui gère leurs assurances. Certes, la jurisprudence de la Cour des comptes et du Conseil d'État viendra préciser les conditions de mise en œuvre et on peut compter sur leur sens de l'équilibre. Mais on peut souhaiter que le débat se poursuive sereinement pour chercher les solutions les meilleures. Au-delà de la situation des comptables publics, sont en jeu l'articulation des différentes missions des juridictions financières, de plus en plus accaparées par les missions d'examen de la gestion publique et d'évaluation, et d'une manière plus générale, la qualité de la gestion publique[11].

---

9. CE 27 mai 2015, *Trésorier payeur général des Bouches-du-Rhône*.

10. CRC Midi-Pyrénées, 3 octobre 2013, *Commune de Seissan*.

11. Ces questions sont approfondies dans un article « Redevabilité financière et redevabilité managériale », à paraître dans la *Revue Française d'Administration Publique*.

Références bibliographiques

- Maupas D., « Immuable et changeante responsabilité personnelle et pécuniaire des comptables publics », G&FP, n° 2-3, 2013, p. 143.
- Kerneis-Cardinet M., « La nature juridique du régime de responsabilité du comptable public », G&FP, n° 5-6, 2015, p. 67.
- Le Clainche M., « RPP, précisions sur les sanctions de manquements de comptables publics », G&FP, n° 11/12 2015, p. 74.
- Maupas D., « Une nouvelle étape dans l'évolution continue de la responsabilité personnelle et pécuniaire des comptables publics », G&FP, n° 11/12, 2015, p. 82.
- Damarey S., « La réforme de la responsabilité du comptable public et ses conséquences jurisprudentielles », G&FP, n° 2-2016, p. 42.
- Damarey S., Lascombe M., Vandendriessche X., « Le nouveau régime de responsabilité des comptables publics, somme non rémissible, débet et pouvoir ministériel de remise gracieuse », G&FP, n° 2-2016, p. 132 et leurs chroniques de jurisprudence financière, la Cour des comptes dans G&FP.
- Girardi J.-L. et Rocca P., « Chronique de jurisprudence financière, les chambres régionales des comptes », G&FP.
- Girardi J.-L., « Les incertitudes nées de l'application de la réforme de la responsabilité personnelle et pécuniaire des comptables publics », *G&FP*, n° 1-2016.

L'APPORT DU JUGE ADMINISTRATIF AU PRINCIPE D'ÉQUILIBRE DES BUDGETS LOCAUX

Matthieu HOUSER
Maître de conférences HDR de droit public
Université de Bourgogne-Franche-Comté

Posé dans deux codes différents, le Code général des collectivités territoriales (CGCT)[1] et le Code des juridictions financières (CJF)[2], le principe d'équilibre des budgets locaux constitue, sans doute, la charpente des finances locales. Avant qu'il n'acquière une telle importance juridique, il a revêtu une simple portée. Ainsi, des traces de ce principe sont trouvées au sein de l'article 8 de l'arrêté du 4 thermidor an X et dans les considérants de l'arrêté d'application du 17 germinal an XI ; cependant, il ne s'agissait que d'un simple objectif de gestion.

Sans détailler tout son historique[3], il faudra attendre l'allégement de la tutelle par l'ordonnance 59-33 du 5 janvier 1959 pour constater, en contrepartie, l'apparition de la notion juridique d'« équilibre réel » (art. 177), et une procédure de résorption d'office de déficits importants qui seraient apparus lors de l'exécution des budgets communaux (art. 178).

1. Article L. 1612-4 du CGCT.

2. Par exemple, on peut se référer à l'article L. 263-11 du CJF.

3. J. DE CRISENOY, rubriques « Budget communal » et « Budget départemental », *in* L. SAY (dir.), *Dictionnaire des Finances*, Berger-Levrault, t. I, 1889, p. 471 et 493.

Ces procédures ont, par la suite, été détaillées au fur et à mesure des lois de décentralisation. La notion d'équilibre a ainsi été précisée par les articles 8 et suivants, 51 et 83 de la loi 82-213 du 2 mars 1982, ultérieurement modifiés par les lois 88-13 du 5 janvier 1988 et 94-584 du 22 juin 1994.

Devant l'évolution des finances locales, notamment en raison du volume qu'elles représentent et du recours accru à l'emprunt, un certain nombre de contentieux sont apparus, donnant la possibilité au juge administratif de préciser de nombreux points. De façon générale, le Conseil d'État, dans un arrêt du 16 mars 2001, a rappelé qu'« il résulte nécessairement des dispositions précitées de l'article 8 de la loi du 2 mars 1982 que l'équilibre réel du budget constitue une condition de légalité des délibérations budgétaires »[4].

L'étude de la jurisprudence administrative présente un intérêt majeur compte tenu de sa relative méconnaissance et parfois de son effacement devant celle des chambres régionales des comptes (CRC). Paradoxalement, le juge administratif défend son positionnement avec parfois une conception différente des relations entre acteurs sur le plan local.

La place prépondérante accordée au principe d'équilibre explique l'apparition d'une jurisprudence plus qu'abondante. Ainsi, en trente ans, lorsqu'on recherche dans *Legifrance* les entrées avec « équilibre » et « contrôle budgétaire », on arrive à 97 arrêts et jugements. Si ce chiffre ne prétend nullement à l'exhaustivité, il révèle la densité de la jurisprudence administrative.

Dans ce cadre, le juge administratif cherche à concilier :

– l'articulation entre lui-même et les chambres régionales des comptes ;
– les relations entre les contribuables et le budget ;

4. CE 16 mars 2001, *Commune de Rennes-les-Bains*, req nº 160257, *Rec.*, p. 129.

– les missions du préfet et celle des autres acteurs.

Cette jurisprudence prolifique et approfondie révèle la finesse qu'il convient d'apporter à l'appréciation des situations locales. Rappelons que seule l'étude de plusieurs indicateurs : le taux d'épargne brute, l'épargne nette, la capacité de désendettement ou encore le montant de la trésorerie permet de comprendre la santé financière d'une collectivité et la soutenabilité de la politique menée, analyse fondamentale en lien avec le principe d'équilibre. Cela contraste avec le développement de l'expertise au sein des préfectures comme l'a rappelé la Cour des comptes, qui dénonce, dans son *Rapport public* de 2016, le « caractère peu opérant » de ces contrôles. Les magistrats relèvent même que « la sincérité des documents budgétaires n'est guère contrôlée, que les contrôles soient conduits de façon allégée ou approfondie »[5].

Les exemples donnés laissent songeurs :

> « En Saône-et-Loire, où le contrôle budgétaire était assuré par un seul agent, le nombre de collectivités prioritaires, dont le contrôle approfondi était effectué dans le délai de saisine de la chambre régionale des comptes, ne s'élevait qu'à cinq en 2014. Or l'analyse des résultats des contrôles réalisés hors délais indique que 49 budgets avaient été identifiés comme votés en déséquilibre en 2012, 43 en 2013 et 34 en 2014[6]. »

Certes, le contrôle de légalité exercé en lien avec le préfet révèle un jeu d'acteurs, chacun cherchant à préserver l'autre, tout en exerçant ses propres missions. Cela peut expliquer certaines situations en illégalité au regard du principe d'équilibre. Cependant, cette analyse contraste fortement avec l'évolution de la jurisprudence administrative, qui révèle un approfondissement du contenu de l'équilibre budgétaire par le juge administratif (I) et un contrôle accru de l'intervention des acteurs en matière d'équilibre (II).

---

5. C. comptes, *Rapport public 2016 – Le contrôle de légalité et le contrôle budgétaire : une place à trouver dans la nouvelle organisation de l'État*, p. 339.
6. *Ibid.*, p. 347.

I. L'approfondissement du contenu de l'équilibre budgétaire par le juge administratif

L'essor des budgets locaux et le perfectionnement des procédures mises en place par les collectivités expliquent l'évolution de la jurisprudence administrative avec une conception dynamique de l'équilibre réel du budget, à la lumière de la définition donnée par la Loi organique relative aux lois de finances (LOLF) pour l'État. À titre de rappel, aux termes de l'article 1er de la LOLF, « l'équilibre budgétaire et financier » pour l'État doit « tenir compte d'un équilibre économique ». Bien évidemment, la LOLF ne s'applique pas aux collectivités, mais le juge administratif, dans son contrôle, tend à se rapprocher de cette conception de l'équilibre (A), ce qui lui permet d'approfondir son contrôle (B).

A. La définition apportée par le juge administratif à l'équilibre réel

Deux points illustrent les apports du juge administratif, d'une part l'approche dynamique de l'équilibre (1) et, d'autre part, l'analyse matérielle de l'équilibre réel (2).

1. De l'approche statique temporellement à l'analyse dynamique de l'équilibre

L'article L. 1612-4 du CGCT impose aux collectivités la mise en œuvre d'un équilibre réel, s'appréciant tant en section de fonctionnement que d'investissement. Bien évidemment, le principe de sincérité des recettes et des dépenses occupe une place fondamentale dans cette analyse avec une jurisprudence abondante. Certes, le CGCT ne mentionne qu'avec parcimonie cette notion de sincérité, notamment avec l'article L. 1612-14 du CGCT, qui indique que,

> « lorsque l'arrêté des comptes des collectivités territoriales fait apparaître dans l'exécution du budget, après vérification de la sincérité des inscriptions de recettes et de dépenses, un déficit égal ou supérieur à 10 % des recettes de la section de fonctionnement s'il s'agit d'une commune de moins de 20000 habitants et à 5 % dans les autres cas, la chambre régionale des comptes, saisie par

> le représentant de l'État, propose à la collectivité territoriale les mesures nécessaires au rétablissement de l'équilibre budgétaire, dans le délai d'un mois à compter de cette saisine ».

L'apport du juge administratif à la notion d'équilibre réel concerne également l'appréciation temporelle du budget.

Au début des années 2000, on pouvait lire, dans certains propos de la doctrine à propos du juge administratif, que « chaque budget forme une délibération dont la légalité est appréciée au jour de son adoption, indépendamment des actes postérieurs susceptibles, en cours d'exercice, de rétablir l'équilibre ou d'y porter atteinte »[7].

Traditionnellement, le juge administratif apprécie l'équilibre réel à la date du vote du budget, la circonstance que la délibération créant une recette inscrite au budget ait été annulée par le juge, après le vote du budget, est sans influence sur la légalité du budget, qui a été voté en équilibre[8].

Dans cette approche statique de l'équilibre, lorsque le budget primitif n'a pas été voté en équilibre, le fait que, par une délibération postérieure, le conseil municipal ait régularisé le budget primitif en affectant l'excédent du compte administratif de l'année précédente est sans influence sur l'appréciation de la légalité de la délibération initiale entachée d'illégalité[9].

Certes, l'article L. 1612-6 du CGCT opère une continuité entre plusieurs exercices en indiquant que le budget n'est pas considéré en déséquilibre, si celui-ci « dont la section de fonctionnement comporte ou reprend un excédent et dont la section d'investissement est en équilibre réel, après reprise pour chacune des sections des résultats apparaissant au compte administratif de l'exercice précédent ».

---

7. H.-M. CRUCIS, *Droit des contrôles financiers des collectivités territoriales*, Le Moniteur, 1988, p. 148.

8. CE sect. 27 mai 1994, *Braun-Ortega, Buisson et a.*, req. n° 11206.

9. CAA Bordeaux, 14 mars 2006, *M. Clémente*, req. n° 03BX01403, *AJDA*, 2006,1479, note Péano.

La jurisprudence administrative a également évolué, en considérant que les étapes budgétaires constituent un tout indissociable. Ainsi, dans un arrêt du 4 juin 2007, *M. Géniteau*, le Conseil d'État considère que

> « si l'annulation de la délibération du conseil municipal adoptant le compte administratif pour un exercice budgétaire n'entraîne pas par elle-même l'annulation de la délibération adoptant, au vu de ce compte, le budget primitif de l'exercice suivant, il en va néanmoins différemment lorsque l'équilibre réel de ce budget primitif dépend des résultats, entachés d'illégalité, du compte administratif de l'exercice clos qu'il reprend »[10].

Cette évolution de la jurisprudence administrative confirme, en réalité, la nécessité d'approfondir le rattachement des charges à l'exercice, avec cependant une difficulté. Si effectivement budgétairement, les exercices sont liés entre eux, d'un point de vue comptable, il convient d'identifier les ressources et les charges propres à chaque exercice.

2. L'analyse matérielle de l'équilibre réel

L'obligation d'équilibre réel pèse, évidemment, et en premier lieu, sur le budget primitif. Mais elle concerne également toute décision modificative, dont le budget supplémentaire[11].

Cet équilibre ne saurait, par ailleurs, être obtenu par l'attribution de subventions d'équilibre venant d'une autre collectivité[12]. En effet,

> « le financement de la section de fonctionnement des communes au moyen de subventions non affectées ou attribuées en vue d'assurer l'équilibre de cette section du budget ne peut en principe être regardé, sauf circonstances particulières de nature à

10. CE 4 juin 2007, *M. Géniteau*, req. n° 284380.

11. CE 23 décembre 1988, *Département du Tarn c/Barbut*, *Rec.*, p. 466 ; *RFDA* 1989.365, concl. Lévis.

12. CE 27 oct. 2008, *Département de la Haute-Corse,* req. n° 292396, *AJDA* 2009.159, note M. Verpeaux ; *BJCL* 2009.113, concl. E. Glaser ; *Dr. adm.* 2009, comm. 3 ; *JCP A* 2009, n° 2007, note J. Moreau ; *RFDA* 2008.1266.

> justifier l'existence d'un intérêt départemental, et alors même que la commune bénéficiaire est située dans la circonscription départementale ou que sa situation financière est difficile »[13].

Le Conseil d'État semble confirmer son approche, en distinguant le budget principal des budgets annexes[14] dans son analyse de l'équilibre réel.

Le juge administratif n'est pas le juge de la juste répartition des ressources entre les contribuables et les usagers. Ainsi, une commune peut

> « légalement, en application des dispositions précitées de l'article L. 2224-1, décider de ne pas faire supporter par son budget général les charges du budget annexe de l'eau, mais [...] instituer des surtaxes au prix de l'eau, afin d'assurer l'équilibre de ce budget annexe, et notamment de faire face tant aux investissements nécessaires qu'au déficit résultant de la charge, moindre, bien qu'importante, des impayés des exercices antérieurs ».

Il est sans influence que la commune réduise la surtaxe sur l'eau[15].

Cependant, apparaît comme illégale une délibération augmentant les redevances du service de l'eau et de l'assainissement alors qu'un excédent d'exploitation est reversé au budget principal[16].

Le deuxième pan de la jurisprudence administrative manifestant une évolution du contenu de l'équilibre réside dans l'intensité du contrôle budgétaire.

B. L'intensité du contrôle budgétaire

Il convient d'étudier l'intensité du contrôle lors de l'appréciation de l'équilibre budgétaire dans le cadre du contrôle de légalité et les conséquences dans le cadre du contrôle budgétaire.

13. *Ibid.*
14. CE 4 juin 2007, *Géniteau*, req. n° 277320.
15. CE 30 juillet 2003, *Commune de Saint Paul*, n° 235398.
16. CAA Marseille, 28 mars 2002, *Commune d'Aix-en-Provence*, n° 99MA01728.

1. Lors de l'appréciation de l'équilibre budgétaire

L'intervention du juge administratif semble s'opérer seulement en présence d'une certaine gravité.

Le juge administratif a, par ailleurs, indiqué, à plusieurs reprises, qu'il limite son contrôle à l'erreur manifeste d'appréciation.

Ainsi, le juge administratif s'est refusé, compte tenu du caractère prévisionnel du budget, à censurer une erreur de prévision de la dépense de l'ordre de 3 %[17].

Cependant, le juge aurait pu se limiter à une approche formelle. Il n'en est rien, il intervient dans le contrôle de la réalité des inscriptions. Cela explique le recours au principe de sincérité. Pour ce faire, le juge examine si les dépenses ne sont pas sous-estimées et les recettes surestimées. Ainsi, un budget apparaît en déséquilibre si l'inscription des subventions devient caduque en raison de l'absence de commencement d'exécution[18]. De même, apparaît comme illégale l'inscription de subventions déjà accordées, mais devenues caduques faute d'un commencement d'exécution[19]. Plus surprenant en revanche, un budget a été considéré comme insincère, car celui-ci comprenait une recette d'investissement (emprunt) reportée de l'année précédente[20]. Comme le relève le juge,

> « se bornant à invoquer l'existence d'un emprunt contracté le 8 décembre 1992 auprès de la Landesbank Rheinland International SA, dont ni l'objet, ni d'ailleurs l'organisme prêteur, ne correspondent à ceux mentionnés dans les documents budgétaires ; qu'il s'ensuit que le budget supplémentaire de la région n'a pas été voté en équilibre réel, quand bien même la région aurait contracté par la suite, au cours de l'exercice 1993 de nouveaux emprunts, dont elle

---

17. CAA Douai, *René Dosière*, req. n° 96DA00007.

18. CE 16 mars 2001, *Commune de Rennes-les-Bains c/Lacan*, req. n° 160857, *Lebon* 129 ; *Coll. Terr.* 2001, n° 166, note Lucienne Erstein ; *RFDA* 2002.807, note S. Damarey ; *Vie départementale et régionale*, mai 2001, p. 5 ; *Rev. Trésor* 2001.648 et 2002, p. 312, obs. Michel Lascombe et Xavier Vandendriessche.

19. CE 16 mars 2001, *Commune de Rennes-les-Bains c/Lacan*, préc.

20. CE 3 déc. 1999, *Région Guadeloupe*, req. n° 159041, *Rec.*, p. 658.

> soutient qu'ils auraient dû être pris en compte dès l'établissement dudit budget ».

Toutefois, dans certains cas, on peut s'interroger sur l'analyse effectuée par le juge administratif. Ainsi, dans son arrêt du 16 mars 2001, *Commune de Rennes-les-Bains*, il a estimé qu'une commune était en déséquilibre notamment en raison d'un montant d'emprunt « supérieur à 3,7 millions de francs, dont la conclusion était aléatoire compte tenu du niveau très élevé de l'endettement de la commune au regard de ses capacités de remboursement ». Une analyse chiffrée aurait permis d'étayer davantage ce raisonnement.

En outre, dans deux arrêts du 21 avril 2000, le Conseil d'État a annulé des jugements de tribunaux, qui avaient eux-mêmes annulé la délibération approuvant le budget de la collectivité, car celle-ci reposait sur une suppression d'emplois illégale en raison d'un problème de procédure. On peut s'interroger sur cette jurisprudence qui dissocie la légalité du budget et l'appréciation des éléments concourant à son équilibre réel[21].

2. Après le déclenchement du contrôle budgétaire

Le déclenchement du contrôle budgétaire entraîne un arrêt de la compétence de l'assemblée délibérante. C'est du moins l'interprétation la plus couramment admise, conformément au CGCT indiquant « le conseil municipal ne peut délibérer en matière budgétaire »[22].

Le Conseil d'État considère, par ailleurs, que le déclenchement du contrôle budgétaire exclut « toute décision ayant une incidence tant sur le budget de la commune que sur un budget spécial annexé à celui-ci »[23].

---

21. CE 21 avril 2000, *Commune d'Amiens*, req. nº 161334.

22. Art. L. 1612-9 du CGCT.

23. CE 25 février 1998, *Préfet de la Haute-Corse*, req. nº 168726, mentionné aux Tables ; CE 17 octobre 1990, *Préfet de la Guadeloupe*, au *Rec.*

Cependant, dans un arrêt de décembre 2015, une délibération d'une collectivité territoriale instituant un abattement d'assiette de taxe d'habitation ne saurait être rattachée à cette catégorie de mesures budgétaires au motif que cette décision n'aura d'effet que pour l'exercice suivant, qui, à la date de la délibération en litige, n'est pas concerné par la procédure de l'article L. 1612-5 du CGCT.

La jurisprudence administrative relativement dense en matière d'équilibre a permis d'approfondir le contenu de l'équilibre budgétaire. Elle a également amélioré la délimitation des compétences des acteurs intervenant en la matière.

II. La délimitation de l'intervention des acteurs en matière d'équilibre par le juge administratif

Le système issu de 1982 fait intervenir un certain nombre d'acteurs, dont le préfet, le juge administratif, les chambres régionales des comptes, mais également les justiciables.

L'essor des situations de déséquilibre budgétaire a entraîné l'apparition d'un certain nombre de contentieux, mais également un approfondissement de la jurisprudence administrative. Le juge a été amené à préciser davantage que les textes de loi l'articulation entre le préfet et la CRC (A) ; dans le même temps, compte tenu de l'importance du principe d'équilibre, de nouvelles responsabilités apparaissent, notamment concernant le préfet et le maire (B).

A. Une articulation précise entre contrôle budgétaire, contrôle de légalité et recours des particuliers

Statuant de façon totalement prétorienne, le juge administratif a instauré une primauté du contrôle budgétaire sur le contrôle de légalité. Dès lors, en présence de l'une des hypothèses de déclenchement du contrôle budgétaire, le juge administratif a considéré que le préfet n'avait pas le choix et qu'il devait préférer le contrôle budgétaire au contrôle de légalité. Cette solution a été logiquement étendue à toutes les hypothèses du contrôle budgétaire, y compris en matière de déséquilibre[24]. Dans cette nouvelle architecture, le juge administratif a précisé l'intervention du préfet (1) et le recours des intéressés (2).

1. L'intervention du préfet

Le déclenchement du contrôle budgétaire constitue une décision d'une certaine gravité. Cela peut expliquer qu'un jugement, isolé pour l'instant, ait considéré que la décision du préfet de saisir la CRC soit susceptible de recours devant le juge de l'excès de pouvoir[25].

La gravité de la procédure spécifique prévue aux articles L. 1612-5 et suivants du CGCT s'exprime dans le fait qu'elle limite les possibilités de recours contre une délibération adoptant un budget en déséquilibre.

Dès lors que s'applique la procédure spécifique de contrôle budgétaire, le préfet ne peut exercer un recours pour excès de pouvoir contre la délibération de l'assemblée locale[26].

Le préfet ne peut agir que dans le cadre de cette procédure, et non déférer la délibération, sauf à ce que l'illégalité invoquée ne tienne pas à la méconnaissance de la règle de l'équilibre[27].

En revanche, cette procédure ne fait pas obstacle à la contestation par la voie du recours pour excès de pouvoir d'une délibération en matière budgétaire d'un conseil municipal sur un autre motif que l'équilibre budgétaire dessaisi en vertu de l'article 1612-9 CGCT, y compris par le préfet[28].

---

24. TA Strasbourg, 19 juill. 1983, *Commissaire de la République de la Moselle c/Commune de Talange*, *Lebon* 564.

25. TA Melun, 17 décembre 2009, *Commune de Bussy-Saint-Georges*, n° 0506553, *AJDA* 2010.1529, concl. Gallaud.

26. CE 23 déc. 1988, *Dpt Tarn c/Barbut*, préc.

27. CE 3 juin 1998, *Préfet de la Haute-Corse c/OPHLM de la Haute-Corse*, aux *T*.

28. CE 25 février 1998, *Préfet de la Haute-Corse*, sol. impl.

De même, une saisine irrégulière de la chambre régionale des comptes par le préfet est assimilée à une absence de saisine et permet donc un recours direct devant le tribunal administratif[29].

Cet agencement ne serait pas complet sans la possibilité pour un intéressé de saisir le juge administratif, notamment en présence d'un préfet refusant de déclencher la procédure de contrôle budgétaire.

2. Le recours de l'intéressé

En matière de vote du budget en équilibre réel, si le représentant de l'État ne saisit pas la chambre régionale des comptes dans le délai de trente jours qui lui est imparti, il appartient à tout intéressé d'intenter un recours pour excès de pouvoir contre la délibération budgétaire. Dans ce cas, le requérant dispose d'un délai de deux mois qui ne court qu'à compter de l'expiration du délai de trente jours accordé au préfet[30].

En revanche, le recours d'un intéressé contre la délibération approuvant le compte administratif doit être intenté dans le délai normal du recours contentieux, dans la mesure où aucun délai n'est imparti au préfet pour saisir la chambre régionale des comptes d'un compte administratif qui présente un déficit[31].

En matière de procédure, le délai de trente jours démarre à compter de la date de la réception de la délibération budgétaire par l'autorité préfectorale[32].

---

29. CAA Marseille, 18 mai 1999, *Commune de Manosque,* req. n° 96MA01732, *Coll. Terr.* novembre 1999, p. 12, note Lucienne Erstein.

30. CE 23 déc. 1988, préc. *supra,* n° 219 ; sect., 27 mai 1994, *Braun-Ortega, Buisson et autres* : *Rec. CE,* p. 265 ; *RFDA* 1994.832 ; *AJDA* 1994.658 ; *ACL* 1995.295 ; 9 juill. 1997, préc. *supra.*

31. CE 3 déc. 1999, *Région Guadeloupe*, req. n° 159041, *Rec.*, p. 658.

32. CAA Bordeaux, 14 mars 2006, *Clemente* : *AJDA* 2006.1294 et *AJDA* 2006.1479, chron. Péano.

B. L'essor des responsabilités

La juridictionnalisation croissante de la société se manifeste dans l'essor des responsabilités de chaque acteur. Dans ce cadre, chaque acteur voit son positionnement revu. Dès lors, les responsabilités en cas d'absence de réaction ne cessent de se développer conformément à l'approfondissement du contrôle de ce principe.

Si la responsabilité du comptable devant la chambre régionale des comptes (CRC) peut être engagée, celle-ci se développe dans deux directions au sein de la jurisprudence administrative, d'une part, concernant la responsabilité de l'État, d'autre part, concernant celle du maire.

1. La mise en œuvre de la responsabilité de l'État

La possibilité pour les tiers de mettre en jeu la responsabilité de l'État du fait de l'exercice de ses pouvoirs de tutelle remonte à un arrêt de 1946[33], subordonnant cette responsabilité à la commission d'une faute lourde. Certains tribunaux administratifs au début des années 1980 ont cru pourtant déceler une évolution et estimer, conformément à un mouvement général, qu'une faute simple suffisait[34].

Cependant, les arrêts récents du Conseil d'État invitent à la prudence. Ainsi, dans son arrêt du 10 novembre 1999, *Société de gestion du port de Campoloro*, le juge administratif a refusé d'engager la responsabilité de l'État. En effet, il a considéré

> « qu'il résulte de l'ensemble des diligences ainsi accomplies, dans la limite des compétences légales de l'autorité préfectorale, pour parvenir au règlement par la commune de Santa-Maria X… des sommes dont celle-ci était débitrice en exécution des jugements du tribunal administratif de Bastia du 10 juillet 1992, que le préfet n'a

---

33. CE 29 mars 1946, *Caisse départementale d'assurances sociales de Meurthe-et-Moselle c/État*, *Lebon*, p. 63 ; *RDP* 1946.490, concl. M. Lefas, note G. Jèze ; *S.* 1947.3.73, note A. Mathiot.

34. TA Rennes, 7 févr. 1985, *Organisme de gestion de l'école catholique de la Providence à Saint-Brieuc*, cette revue 1985.897, obs. G. Melleray.

commis aucune faute dans l'exercice des pouvoirs dévolus par la loi du 16 juillet 1980 ; que, par suite, la responsabilité de l'État ne saurait être regardée comme engagée à raison d'une telle faute ».

En revanche, dans une affaire retentissante, un préfet, qui s'abstient pendant trois années consécutives de déférer au tribunal administratif neuf délibérations dont l'illégalité ressortait avec évidence des pièces qui lui étaient transmises et dont les conséquences financières étaient graves pour les communes concernées, a commis dans l'exercice du contrôle de légalité qui lui incombait, une faute lourde de nature à engager la responsabilité de l'État[35]. Le Conseil d'État a d'ailleurs pris la peine de rédiger un considérant extrêmement pédagogique :

> « Considérant que les carences de l'État dans l'exercice du contrôle de légalité des actes des collectivités locales prévu par les dispositions précitées de la loi du 2 mars 1982 ne sont susceptibles d'engager la responsabilité de l'État que si elles constituent une faute lourde ; que, dès lors, en jugeant que l'abstention prolongée du préfet de la Haute-Corse de ne pas déférer au tribunal administratif plusieurs délibérations du bureau du syndicat intercommunal à vocation multiple du Nebbio constituait une faute de nature à engager la responsabilité de l'État, sans rechercher si cette faute devait être regardée comme une faute lourde, la cour a entaché son arrêt d'une erreur de droit ; que, par suite, le ministre de l'Intérieur est fondé à demander l'annulation de l'arrêt attaqué ; qu'il y a lieu, par voie de conséquence de rejeter le pourvoi incident formé par les communes de Saint-Florent et autres contre le même arrêt. »

Cette jurisprudence relative au contrôle de légalité est applicable au contrôle budgétaire.

Le maintien de la faute lourde s'explique par la volonté du juge de laisser une certaine marge de négociation avec les collectivités. En effet, si on glisse vers une faute simple, toute illégalité deviendrait fautive. Or, les relations État-collectivités sont empreintes de

---

35. CE 6 oct. 2000, *Ministre de l'Intérieur c/Commune de Saint-Florent et autres*, n° 205959, *Lebon* 395, concl. L. Touvet; *AJDA* 2001.201, note M. Cliquennois; *RFDA* 2001.152, obs. P. Bon.

négociation. Cette marge de manœuvre possède son utilité et l'essor de la faute simple risquerait de supprimer cette possibilité de discussion. C'est sans doute ce qui explique le positionnement actuel de la juridiction administrative, refusant d'abandonner la faute lourde en la matière. Cette interprétation ne semble toutefois pas partagée par la Cour des comptes, qui dans son rapport public de 1991 dénonçait déjà des situations dans lesquelles les chambres régionales des comptes n'ont pas été saisies et au final la situation s'est aggravée[36]. Pour la Cour, cette méthode de gestion des situations de déséquilibre et la négociation devraient être utilisées seulement pour des hypothèses d'erreur matérielles. Pour donner du grain à moudre à ce positionnement rappelons que le rapport de 1991 est intervenu au moment où la situation de dégradation financière de nombreuses collectivités était très sérieuse et que le législateur a dû intervenir par le biais de la mise en place de ratios budgétaires par la loi administration territoriale de la République (ATR) du 7 février 1992 pour tenter de mieux comprendre la situation financière locale. Ceci dit l'essor des emprunts structurés démontre que la situation demeure encore largement perfectible.

L'essor des responsabilités se manifeste également dans un terrain proche avec le dessaisissement du maire par décret.

2. Le dessaisissement du maire

La mauvaise gestion du maire ou du président de la collectivité n'est pas *a priori* significative d'une potentielle sanction juridictionnelle. C'est du moins dans cette logique qu'a été conçu le contrôle de gestion permettant à la chambre régionale des comptes de se prononcer sur la politique menée soit de façon générale, soit sur certaines politiques publiques. Aussi, logiquement, la question du déficit n'aurait pas dû arriver devant le prétoire du juge administratif.

36. Cour des comptes, *Rapport public particulier – La gestion de la trésorerie et de la dette des collectivités territoriales*, 1991.

Cependant, l'existence de déséquilibres répétés constitue une attitude pouvant entraîner une suspension et la révocation par arrêté ministériel conformément à l'article L. 2122-16 du CGCT. Le Conseil d'État, dans un arrêt du 2 mars 2010, a confirmé cette option. Comme le relève le juge administratif, le maire

> « malgré les nombreux avis et recommandations des autorités de contrôle, il s'est rendu responsable de l'importante dégradation de la situation financière de la commune d'Hénin-Beaumont, sans prendre aucune mesure significative pour remédier à son endettement ».

Le juge considère donc

> « qu'il résulte de ce qui précède que le décret attaqué n'a pas, en prononçant la révocation de M. A, fait une inexacte application des dispositions de l'article L. 2122-16 du Code général des collectivités territoriales »[37].

Ce faisant, pèse donc sur le maire une nouvelle forme de responsabilité, dont les contours seront sans doute affinés au cours des années à venir.

37. CE 2 mars 2010, req. n° 328843.

L'IRRUPTION DE LA NOTION DE PRÉJUDICE FINANCIER DANS LE JUGEMENT DES COMPTES PUBLICS : HYBRIDATION ET INACHÈVEMENT DE L'OFFICE DU JUGE FINANCIER

Jérôme DOSSI[1]
Procureur financier
près la chambre régionale des comptes de Bourgogne-Franche-Comté

La procédure de reddition des comptes plonge ses racines dans la France capétienne, avec une première mention dans une ordonnance de 1190, parfois dénommée testament de Philippe Auguste. Prenant la suite de la *Curia regis* sous l'Ancien Régime, la chambre des comptes remplit tant bien que mal son office de contrôle des comptes du XVIe au XVIIIe siècle. Après une période transitoire d'une quinzaine d'années, marquée par la création d'institutions intermédiaires[2], la Cour des comptes est créée et installée en 1807, avec une juridiction sur les comptables principaux de l'État, des départements et des communes dont le budget était alors approuvé par décret. Le contrôle des comptes des collectivités locales, confié par la suite aux conseils

1. Les propos ici tenus n'engagent que leur auteur et non la chambre régionale des comptes de Bourgogne, Franche-Comté ou le parquet général près la Cour des comptes.

2. Bureau de la comptabilité (loi des 17-29 septembre 1791, loi des 8-12 février 1792) et Commission de comptabilité nationale (article 321 de la Constitution du 5 Fructidor an III : cinq commissaires de la comptabilité nationale; loi du 18 Frimaire an IV leur confiant pleine compétence à l'égard des comptables)

de préfecture, fut reconcentré à la Cour des comptes par un décret-loi du 8 août 1935, avant d'être confié aux chambres régionales des comptes (CRC) nouvellement créées en 1982.

Des invariants structurent le jugement des comptes aux XIXe et XXe siècles. Si certaines évolutions sont intervenues, elles semblent moins importantes que la modification apportée par le législateur, il y a un peu plus de quatre ans[3], aux mécanismes de mise en jeu de la responsabilité personnelle et pécuniaire des comptables publics, trois ans après la séparation des fonctions de poursuites, d'instruction et de jugement[4].

Un bref rappel s'impose. Quatorze ans avant cette modification législative et, insistons-y, avant l'adoption de la LOLF[5], au terme de réunions de travail qui faisaient suite à une lettre du 7 août 1997 de l'ancienne direction générale de la comptabilité publique (DGCP), le premier président et le procureur général près la Cour des comptes adressèrent au ministre de l'Économie une note du 29 novembre 1999 portant sur les aménagements à introduire dans le régime de responsabilité personnelle et pécuniaire des comptables publics. Cette note proposait d'introduire une dichotomie entre, d'une part, des « dépenses seulement irrégulières » qui cesseraient d'engager la responsabilité des comptables sous forme de débets (recours à des « amendes disciplinaires infligées par le juge des comptes ») et, d'autre part, des « dépenses indûment payées [qui] continueraient

3. Loi n° 2011-1978 du 28 décembre 2011 de finances rectificative pour 2011.

4. Loi n° 2008-1091 du 28 octobre 2008 relative à la Cour des comptes et aux chambres régionales des comptes.

5. Loi organique n° 2001-692 du 1er août 2001 relative aux lois de finances (LOLF).

d'être sanctionnées par la constitution en débet, aboutissant à la reconstitution de l'encaisse et ainsi, à la réparation du préjudice effectivement subi par les organismes »[6].

Apparaissait alors pour la première fois, au titre du jugement des comptes, la notion de préjudice, destinée à revenir plusieurs fois sous la plume du premier président ou du procureur général près la Cour des comptes au cours des années 2000. Un projet de réforme qui avait fait l'objet d'un accord avec la DGCP achoppa devant le Conseil d'État, au stade du projet de loi. La loi du 28 octobre 2008 qui réforma la mission juridictionnelle de la Cour des comptes et des CRC ne fut pas davantage le support de cette évolution.

---

6. Aux termes de ce courrier, il était proposé « d'établir dans la loi une distinction entre les débets qui résultent du paiement de dépenses seulement irrégulières, par méconnaissance des formes budgétaires et comptables, et ceux qui résultent du paiement de dépenses indues, dont l'effet a été de faire acquitter des dettes fictives ou majorées et ainsi, de causer à ces organismes un préjudice certain et mesurable. Cette distinction établie, deux hypothèses ont été envisagées :

– les dépenses seulement irrégulières cesseraient d'engager la responsabilité pécuniaire personnelle des comptables, qui ne pourraient donc plus être constitués en débet de ce chef; mais il faut que ces irrégularités restent sanctionnées, à défaut de quoi les comptables n'exerceraient plus de contrôles : la sanction pourrait être non plus la responsabilité pécuniaire personnelle des comptables, mais une amende disciplinaire infligée par le juge des comptes. Au contraire, les dépenses indûment payées continueraient d'être sanctionnées par la constitution en débet, aboutissant à la reconstitution de l'encaisse et ainsi, à la réparation du préjudice effectivement subi par les organismes publics;
– si l'on ne retient pas ce dédoublement des sanctions, il faut conserver la teneur présente de la loi au stade de l'engagement de la responsabilité des comptables, à défaut de quoi les simples irrégularités commises dans l'exécution des dépenses ne seraient plus sanctionnées. L'ajustement indispensable entre le droit et l'équité continuerait alors d'être opéré non préventivement, avant la fixation des débets, mais après que ceux-ci auraient été fixés, par remise gracieuse, à condition que le juge des comptes soit associé à cette procédure, afin d'en limiter, sinon d'en empêcher l'abus [...]. C'est cette deuxième solution que la Cour propose de retenir. »

À la faveur d'un amendement parlementaire[7], la loi de finances rectificative pour 2011[8] a modifié les conditions de mise en jeu de la responsabilité personnelle et pécuniaire des comptables, introduisant la notion de « préjudice financier » qui enrichit l'office du juge des comptes, et partant, les relations entre juge, comptables et organismes publics.

Certes, la notion de « préjudice » était déjà présente dans le Code des juridictions financières (CJF), mentionnée depuis 1995 à l'article L. 313-6, au titre de l'infraction relative à l'avantage injustifié à autrui[9], à l'article L. 313-7-1, au titre des « agissements manifestement incompatibles avec les intérêts » des entreprises publiques, de « carences graves dans les contrôles » ou d'« omissions ou négligences répétées dans [le] rôle de direction » et à l'article L. 314-19 ; mais

7. Au cours des débats parlementaires préalables au vote et à la promulgation de la LFR pour 2011, M. Michel Bouvard, député de Savoie, auteur de l'amendement qui aboutit à la modification des conditions d'engagement de la responsabilité personnelle et pécuniaire des comptables publics déclara : « En fait, il s'agit de mettre fin au système de remise des débets, dont le principal inconvénient était d'être devenu incompréhensible par nos concitoyens./ Le dispositif tel qu'il est proposé aujourd'hui maintient, comme nous l'avions proposé lors de la loi de finances, deux situations qui peuvent être constatées : celle d'un préjudice pour l'organisme public et celle de l'absence de préjudice. » L'amendement était motivé par le souci d'éviter l'enrichissement sans cause des organismes publics : « Quoique le manquement au contrôle de régularité formelle n'entraîne aucun préjudice financier pour l'organisme public, le comptable doit reverser la totalité de la somme irrégulièrement payée. Ce reversement peut donc être assimilé à un enrichissement sans cause pour l'organisme public » (amendement, Assemblée nationale, 24 novembre 2011).

8. Article 90 de la loi n° 2011-1978 du 28 décembre 2011 de finances rectificative pour 2011.

9. Article L. 313-6 du CJF, en vigueur entre le 26 juillet 1995 et le 1er janvier 2002 : « Toute personne visée à l'article L. 312-1 qui, dans l'exercice de ses fonctions ou attributions, aura, en méconnaissance de ses obligations, procuré à autrui un avantage injustifié, pécuniaire ou en nature, entraînant un préjudice pour le Trésor, la collectivité ou l'organisme intéressé, ou aura tenté de procurer un tel avantage sera passible d'une amende dont le minimum ne pourra être inférieur à 2 000 F et dont le maximum pourra atteindre le double du montant du traitement ou salaire brut annuel qui lui était alloué à la date de l'infraction. »

cette notion restait circonscrite aux infractions et à la procédure devant la Cour de discipline budgétaire et financière (CDBF)[10] – dont nous connaissons l'office relativement discret, voire parcimonieux. De surcroît, le législateur a restreint cette notion, en lui adjoignant l'adjectif « financier » qui exclut tout autre type de préjudice, par exemple moral.

Par quelques brèves réflexions, nous voudrions montrer en quoi l'ancrage juridique de cette notion a transformé l'appréhension de la responsabilité des comptables publics par leur juge, tout en soulignant les questions que pose cette évolution – en particulier, l'inadéquation partielle entre l'office juridictionnel de ce juge et la réalité du partage des responsabilités au sein du secteur public local. Ce faisant, nous souhaitons proposer, plutôt qu'une taxinomie des préjudices financiers, un éclairage plus général sur les implications de cette notion quant à la portée du contrôle des CRC sur les acteurs des finances publiques locales.

I. Une notion qui renforce l'office juridictionnel du juge

L'office juridictionnel du juge des comptes s'est approfondi (A) en empruntant la voie d'une hybridation (B).

A. Un approfondissement de l'office du juge des comptes

1. Une innovation qui restreint le périmètre de la justice retenue

En droit administratif général, le système de justice retenue (dans les mains du ministre) a, pour l'essentiel, été abandonné avec une loi du 24 mai 1872[11] conférant au juge administratif un office de juge indépendant et impartial, rendant la justice au nom du peuple français[12].

10. Juridiction créée par la loi n° 48-1484 du 25 septembre 1948 tendant à sanctionner les fautes de gestion commises à l'égard de l'État et de diverses collectivités et portant création d'une Cour de discipline budgétaire et financière.

11. Loi du 24 mai 1872 portant réorganisation du Conseil d'État, titre IV.

12. Voir aujourd'hui l'article L. 2 du Code de justice administrative : « Les jugements sont rendus au nom du peuple français. »

En marge de cette évolution historique, le système de mise en jeu de la responsabilité personnelle et pécuniaire des comptables publics restait le dernier îlot de justice retenue[13], synonyme d'une *« capitis diminutio »* du juge financier[14].

À la fin de la décennie 2000, 95 % des débets prononcés par la Cour des comptes faisaient ainsi l'objet d'une remise gracieuse par le ministre chargé du Budget[15], si bien qu'un ancien premier président de la Cour des comptes a pu soutenir que « la direction de la comptabilité publique en était arrivée, au fil du temps, à faire de la remise de débet un instrument de gestion de son réseau de

---

13. M. LASCOMBE, « La responsabilité du comptable en devenir ? » *Gestion & Finances Publiques*, 2013, n° 1, p. 22.

14. Un universitaire a, par exemple, pu qualifier ce maintien de la théorie du ministre-juge de « vestige archaïque » : P. AMSELEK, « Les juridictions des comptes et l'article 6-1 de la Convention européenne des droits de l'homme : une figure bien contestable de l'exception française », *in Libertés, justice, tolérance. Mélanges en hommage du doyen Gérard Cohen-Jonathan*, Bruylant, Bruxelles, p. 52.

15. Art. 9 du décret n° 2008-228 du 5 mars 2008 relatif à la constatation et à l'apurement des débets des comptables publics et assimilés. Voir C. des comptes, *Rapports publics annuels 2011 et 2012* (tome III, Les activités, p. 27-28) ; M. LASCOMBE et X. VANDENDRIESSCHE, note sous C. comptes 26 avril 2001, *Lycée professionnel Placide Courtoy à Hautmont (Nord)*, *Revue du Trésor*, 2002, p. 206 ; C. comptes, 11 septembre 2003, n° 37544, TPG DE L'ARDÈCHE, *Revue du Trésor*, 2004, p. 541 ; C. comptes, 7e ch., 27 octobre 2010, n° 59356, *Parc national de la Guadeloupe*, *Gestion & Finances Publiques*, 2011, p. 775 ; S. DAMAREY, « La suppression du pouvoir de remise gracieuse à l'égard des comptables publics. Une occasion – momentanément – manquée », *JCP A* 2009, étude 2133 ; S. DAMAREY, « Le nouveau régime de responsabilité du comptable public », *AJDA* 2014, p. 2405 ; M. COLLET, « Chronique de droit administratif et finances publiques : le contrôle juridictionnel des comptes publics : réformer ou supprimer ? », *RFDA* 2014, p. 1015-1020 ; F. T. RAKOTONDRAHASO, « Les remises gracieuses accordées aux comptables publics », *RFDA* mars-avril 2015, p. 417-425.

En 2006, le ministre laissa à la charge des comptables 4,4 % du montant cumulé des débets ; en 2007, 1,8 %. En cas de remise gracieuse, le débet n'est plus assumé par le comptable public, mais par l'État.

comptables »[16]. En outre, il est loisible d'observer que cette pratique ne fait l'objet d'aucun compte-rendu au législateur depuis une cinquantaine d'années : sur ce point précis, la Ve République se révèle moins transparente que le Second Empire[17].

Après les premières améliorations intervenues fin 2008 (suppression de la remise gracieuse pour les amendes)[18], la réforme votée fin 2011 par le législateur a permis de faire avancer la cause de la justice déléguée en faveur des juges financiers et de l'autorité de la chose jugée, de deux manières :

16. Ph. SEGUIN, « Allocution lors de la séance solennelle de rentrée de la Cour des comptes », 23 janvier 2006. Pour sa part, la doctrine universitaire a pu évoquer un « extraordinaire moyen de pression sur les comptables » : M. LASCOMBE, et X. VANDENDRIESSCHE, « Plaidoyer pour assurer le succès d'une réforme », *RFDA* 2004, p. 398 et s.

17. L'article 13 de la loi du 5 juillet 1852 et l'article 371 du décret du 31 mai 1862 portant règlement général sur la comptabilité publique prévoyaient, en effet, qu'un état des remises de début accordées à titre gracieux fût annexé à la loi de règlement de chaque exercice. Le décret nº 62-1587 du 29 décembre 1962 portant règlement général sur la comptabilité publique et le décret nº 2012-1246 du 7 novembre 2012 relatif à la gestion budgétaire et comptable publique – « GBCP » ont supprimé cette obligation.

18. Art. 11 de la loi nº 2008-1091 du 28 octobre 2008 relative à la Cour des comptes et aux chambres régionales des comptes, modifiant l'article L. 131-12 CJF : « Les amendes prévues par le présent code sont attribuées à l'État, à la collectivité territoriale, au groupement d'intérêt public ou à l'établissement intéressé. Les amendes attribuées à l'État sont versées en recettes au budget général. Toutefois, les amendes infligées à des comptables rendant des comptes sur la gestion de services dotés d'un budget annexe sont versées en recettes à ce budget annexe./ Les amendes sont assimilées aux débets des comptables publics en ce qui concerne les modes de recouvrement et de poursuite » (suppression de la référence finale aux modalités de remise).

– d'une part, en limitant le *quantum* de la remise gracieuse susceptible d'être accordée au comptable responsable d'un manquement à ses obligations ayant entraîné un préjudice financier pour un organisme public dans l'hypothèse où il n'a pas respecté les règles du contrôle sélectif des dépenses[19] ;
– d'autre part, dans l'hypothèse où le manquement du comptable n'aurait pas causé de préjudice financier à l'organisme public, en créant un mécanisme de responsabilité qui prend la forme de

19. Article 90 de la loi nº 63-156 du 23 février 1963 de finances pour 1963 : « Les comptables publics dont la responsabilité personnelle et pécuniaire a été mise en jeu dans les cas mentionnés au troisième alinéa du même VI peuvent obtenir du ministre chargé du Budget la remise gracieuse des sommes mises à leur charge. Hormis le cas de décès du comptable ou de respect par celui-ci, sous l'appréciation du juge des comptes, des règles de contrôle sélectif des dépenses, aucune remise gracieuse totale ne peut être accordée au comptable public dont la responsabilité personnelle et pécuniaire a été mise en jeu par le juge des comptes, le ministre chargé du Budget étant dans l'obligation de laisser à la charge du comptable une somme au moins égale au double de la somme mentionnée au deuxième alinéa dudit VI. » Arrêté du 25 juillet 2013 portant application du premier alinéa de l'article 42 du décret nº 2012-1246 du 7 novembre 2012 relatif à la gestion budgétaire et comptable publique et encadrant le contrôle sélectif de la dépense. Cet encadrement du pouvoir de remise gracieuse était appelé de ses vœux par des membres de la Cour des comptes : voir, par exemple, A. PICHON, « Le juge des comptes et l'évolution du régime de responsabilité des comptables publics », *RFFP*, nº 92, novembre 2005, p. 185 et s.

On notera qu'avant la réforme de 2011, la remise gracieuse était systématiquement accordée pour les débets concernant des dépenses non couvertes par le contrôle sélectif de la dépense. Voir à cet égard les propos de l'ancien directeur général de la comptabilité publique : J. BASSÈRES, « L'avenir du régime de responsabilité personnelle et pécuniaire des comptables publics : le point de vue du directeur général de la comptabilité publique », *Revue du Trésor*, 2006, p. 175 et s. : « Pour un débet prononcé sur une dépense qui n'a pas légitimement été contrôlée, la remise sera systématiquement accordée. »

Voir, pour plus de précisions, J.-F. CALMETTE, « Le contrôle hiérarchisé de la dépense et son appréhension par le juge financier », *Revue française de finances publiques, RFFP*, février 2015, nº 129, p. 269-287, et F. AKHOUNE, *La réforme de la gestion budgétaire et comptable publique*, LGDJ, 2013, p. 60-61.

« sommes non rémissibles » mises à la charge du comptable ; comme leur nom l'indique, ces sommes ne peuvent faire l'objet d'une remise gracieuse par le ministre chargé du Budget[20].

Cette double innovation a permis de remédier partiellement au constat d'un dispositif de jugement des comptes considéré naguère comme « inadapté et inefficace »[21] par la Cour des comptes elle-même.

2. Une appréciation du préjudice par les parties sans réelle incidence juridique

Au cours de l'instruction, parfois même lors de l'audience publique, les ordonnateurs et les comptables publics se prononcent sur la question du préjudice subi par les organismes publics dont ils ont la charge. Certains – la plupart – d'entre eux arguent que malgré un potentiel manquement du comptable public à ses obligations, telle dépense décaissée n'a pas causé de préjudice financier à l'organisme. D'autres – plus rares – soutiennent, à l'inverse, que la dépense a causé un tel préjudice. Cette appréciation intervient parfois de manière

---

Voir, pour une paraphrase du nouveau dispositif législatif, le corps de l'arrêt C. comptes, 7e ch., n° 65752, 9 janvier 2013, *École nationale des ponts et chaussées (ENPC)* : « Le manquement des comptables est intervenu dans un champ non couvert par un plan de contrôle sélectif des dépenses […] ; qu'en conséquence, une éventuelle remise gracieuse des sommes mises à la charge des comptables sera plafonnée […]. »

20. Dans sa décision C. comptes, 7e ch., 29 janvier 2013, n° 65861, *Conservatoire de l'espace littoral et des rivages lacustres (CELRL)*, la Cour des comptes a même cru bon de devoir paraphraser la loi pour rappeler au ministre l'impossibilité d'accorder une remise gracieuse afférente à la somme laissée à la charge du comptable public.

21. Projet de loi portant réforme des juridictions financières, projet d'étude d'impact, 3 septembre 2009, p. 78.

spontanée, y compris au cours de la phase administrative de jugement des comptes[22] qui, rappelons-le, n'est pas soumise au principe du caractère contradictoire de la procédure[23].

Les juridictions financières ont rapidement précisé que ce type d'appréciation ne saurait lier l'analyse qu'en fait le juge des comptes[24] et leur position a été confirmée par leur juge de cassation, le Conseil d'État[25] ; ces considérations des parties sont, le plus souvent, inopérantes à décharge. Certes, il arrive que ces éléments éclairent la juridiction. Ils peuvent parfois être d'autant plus intéressants que l'ordonnateur peut être concerné à un double titre, comme cela peut être le cas pour un organisme qui verse des subventions à une association présidée par le même ordonnateur, sans produire au comptable

22. C'est-à-dire avant la prise éventuelle d'un réquisitoire qui ouvre la phase contentieuse de jugement du compte.

23. CE 5 avril 2013, *Procureur général près la Cour des comptes (centre hospitalier de Compiègne)*, nº 347536, B ; C. comptes, 10 avril 2014, nº 69579, *SIA de Lauw-Sentheim-Guewenheim (Haut-Rhin)* ; C. comptes, 22 janvier 2015, nº 71482, *Commune de Saint-Alvère (Dordogne)*.

24. C. comptes, 4e ch., 10 avril 2014, nº 69575, *Communauté de communes du Saint-Affricain – CCSA (Aveyron)* : le juge « n'est pas lié par une déclaration de l'organe délibérant indiquant que la collectivité n'aurait subi aucun préjudice ». C. comptes, 4e ch., 22 janvier 2015, nº 71634, *Syndicat intercommunal de l'agglomération tarbaise (Hautes-Pyrénées)* : « Attendu que, s'il est en principe nécessaire que le "service fait" soit attesté par l'ordonnateur pour qu'un manquement ne soit pas considéré comme ayant causé un préjudice financier, à l'inverse, il ne suffit pas d'une telle attestation pour écarter l'existence d'un préjudice financier causé par un manquement. »

25. CE 27 juillet 2015, *Ministre du Budget c/Parquet général près la Cour des comptes (SIE de Saint-Brieuc Est)*, nº 370430, A.

la convention exigée par la réglementation[26], hypothèse au titre de laquelle les juridictions financières ont développé jusqu'à aujourd'hui une jurisprudence à la recherche d'une unité qui fait défaut[27].

B. Une hybridation de l'office du juge des comptes

1. Une « subjectivisation » de cet office sous l'aiguillon de la CEDH

L'ancrage de la notion de préjudice financier dans l'ordre public financier[28] marque un tournant dans l'appréhension par le juge des contrôles exercés par le comptable public. En effet, il était classiquement soutenu que le jugement des comptes des organismes pourvus d'un comptable public ressortissait à une approche objective desdits

---

26. Voir l'article 10 de la loi n° 2000-321 du 12 avril 2000 relative aux droits des citoyens dans leurs relations avec les administrations et le décret n° 2001-495 du 6 juin 2001 pris pour l'application dudit article et relatif à la transparence financière des aides octroyées par les personnes publiques.

27. Voir, entre autres exemples, dans le sens de la reconnaissance d'un préjudice financier : C. comptes, 7e ch., 10 mars 2014, n° 69134, *Grand port maritime de Dunkerque* (pourvoi en cassation pendant); C. comptes, 7e ch., 28 avril 2014, n° 69883, *Budget annexe « Contrôle et exploitation aériens (BACEA) »*; C. comptes, 7e ch., 17 novembre 2014, n° 71210, *Chambre départementale d'agriculture d'Ille-et-Vilaine*; C. comptes, 4e ch., 22 janvier 2015, n° 71748, *Commune de la Couronne (Charente)*. Inversement, dans le sens d'une absence de préjudice financier : C. comptes, 22 juillet 2015, n° 72551, *Direction régionale des finances publiques d'Aquitaine et du département de la Gironde*, charge n° 7; CRC Martinique, 28 octobre 2014, n° 2014-0006, *Commune du Diamant*; CRC Aquitaine, Poitou-Charentes, 8 janvier 2014, n° J2013-0027, *Communauté de communes du Neuvillois*; CRC Bourgogne, Franche-Comté, 10 décembre 2015, n° 2015-0013 et 2015-0014, *Commune de Lons et Espace communautaire Lons agglomération – ECLA*.

28. Nous recourons à cette notion utilisée par la Cour des comptes et son juge de cassation (voir les arrêts CE 30 décembre 2015, *Parquet général près la Cour des comptes*, n° 385176, A; CE 11 décembre 2015, *Sté Bernheim Dreyfus & co et al.*, n° 389096, B; CE sect., 27 juillet 2015, *Ministre délégué chargé du Budget c/Parquet général près la Cour des comptes*, n° 370430, A; CE 30 décembre 2013, *Ministre du Budget, des Comptes publics et de la Réforme de l'État* n° 359287, C; CE ord. 5 août 2011, *Sté La Nouvelle Finance SAS et al.*, n° 350711, C; voir aussi les conclusions

comptes[29]. *L'arrêt Martinie c/France*[30], rendu par la Cour européenne des droits de l'homme, a singulièrement ébranlé les fondations de cet édifice, en mettant en lumière que si les juridictions financières jugent les comptes, elles jugent aussi nécessairement les comptables publics chargés de leur tenue, faisant prévaloir une approche patrimoniale du débet[31] sur la garantie collective qu'il représente également[32].

---

sous la décision *Ministre délégué chargé du Budget c/Parquet général près la Cour des comptes* précitée, sous CE 6 juin 2008, *Sté CM CIC Securities*, n° 300619, A et sous CE 6 juin 2008, *Sté Tradition Securities and Futures*, n° 299203, A).

29. Voir les adages « La Cour juge les comptes et non les comptables » (utilisée dans un sens restrictif par Romieu dans ses conclusions sous CE 12 juillet 1907, *Ministre des Finances*, *Rec.* 656) ou « Le compte saisit le juge » (adage qui renvoie à l'idée d'une instance sans demandeur) et le souci de limiter l'office du juge aux « éléments matériels du compte [...] à l'exclusion notamment de toute appréciation du comportement personnel des comptables publics » (CE Ass., 20 novembre 1981, *Ministre du Budget*, n° 18402, A, *Rec.* 434 et CE 23 juin 1989, *Ministre du Budget c/M. Veque et al.*, n° 67442, A, *Rec.* 151) – avec leur lot de malentendus, voire d'erreurs, tant il est vrai que ces adages apparaissent, dès 1807, *contra legem*; Voir, à cet égard, J. MAGNET, « Que juge le juge des comptes? » *Revue française de finances publiques – RFFP*, n° 28, 1989, p. 115-124.

30. CEDH, 12 avril 2006, n° 58675/00, *M. Michel Martinie c/France*. Pour quelques commentaires, voir *AJDA* 15 mai 2006, p. 986-988; F. SUDRE, « L'applicabilité de l'article 6 § 1 de la Convention européenne des droits de l'homme aux procédures des juridictions financières », *RFFP*, n° 106, avril 2009, p. 55-82; Ch. DESCHEEMAEKER, « La réception des exigences de la convention européenne des droits de l'homme par la Cour des comptes », *op. cit.* p. 113-123; D. HÉDARY, « La réception des exigences européennes par le Conseil d'État », *op. cit.*, p. 125-136. On notera que cette évolution n'était pas une surprise : voir, à cet égard, l'article du procureur général près la Cour des comptes, H. GISSEROT, « Où va le juge des comptes? », *Revue administrative*, 1998, n° 302, p. 252.

31. La nature juridique du débet n'a pas changé : ni réparation ni sanction, il permet le « rétablissement du compte ».

32. Garantie de qualité et de rigueur professionnelle dans le contrôle de régularité, garantie de positionnement du comptable par rapport à l'ordonnateur et garantie financière pour l'organisme public local en cas de dysfonctionnement du service comptable de la DGFiP; D. MAUPAS, « Le point de vue personnel d'un comptable public sur la jurisprudence Martinie et le droit au prétendu "procès équitable" en matière de jugement des comptes », *RFFP*, n° 106, avril 2009, p. 207.

Après deux siècles d'appréhension essentiellement objective du jugement des comptes, apparaissait ainsi, il y a dix ans, un élément puissant de « subjectivisation » de cette approche[33], allant plus loin que la traditionnelle connexité entre le jugement des comptes et celui des comptables[34]. Pour la Cour européenne des droits de l'homme, ces deux appréciations ne sont pas seulement connexes : elles sont indissociables.

La première lame de fond provoquée par cet arrêt apportait aux juridictions financières, entre 2006[35] et 2008, la suppression de la règle du double arrêt, la tenue d'audiences publiques, la communicabilité du rapport d'instruction et des conclusions du ministère public, la séparation des fonctions d'engagement de l'action publique, d'ins-

33. On notera toutefois, à ce stade, que la subjectivisation de l'approche du juge des comptes avait déjà commencé, en particulier à travers la prise en compte des diligences de recouvrement « adéquates, complètes et rapides » en cas de non-recouvrement d'une recette (C. comptes, 27 février et 19 mars 1964, *Sieur Dupis, receveur municipal d'Igny-le-Jard [Marne]*, *Rec.* 91), la justification de ces diligences conduisant à présumer le caractère irrécouvrable de la créance pour une cause étrangère à l'action du comptable. Cette approche prévalait également classiquement quand, « par le fait du comptable », l'organisme public devait procéder à l'indemnisation d'un autre organisme public ou d'un tiers ou rétribuer un commis d'office pour produire ses comptes (loi n° 63-156 du 23 février 1963 de finances pour 1963, art. 60-I, troisième alinéa) ou quand « une faute ou une négligence caractérisée commise par le comptable public à l'occasion de son contrôle sur pièces ou sur place » avait suscité un déficit dans les comptes d'une régie assignée à sa caisse, lorsque le débet correspondant avait fait l'objet d'une remise gracieuse ou n'avait pu être recouvré (loi du 23 février 1963 précitée, art. 60-III, quatrième alinéa).

34. J. Vide Magnet, L. Vallernaud et T. Vught, *La Cour des comptes, les institutions associées et les chambres régionales des comptes*, Berger-Levrault, 6e édition, 2007, p. 255 ; C. comptes, 10 août 1880, *Commune de Frasne (Doubs)*, p. 8 : « La mission du juge chargé de l'apurement d'un compte consiste à apprécier la responsabilité et à régler la situation du comptable qui l'a rendu, au vu des opérations comprises [commises selon la base de données Prodij] dans ce compte. »

35. D'abord, sous la forme de l'instruction n° 610 du Premier président de la Cour des comptes, en date du 16 mai 2006, sur les procédures relatives aux décisions juridictionnelles de la Cour, *RDT*, n° 5, mai 2007, p. 494-496.

truction et de jugement, confiées à des magistrats distincts et, plus largement, la soumission de la procédure de jugement des comptes aux règles du procès équitable[36].

2. Une « subjectivisation » de cet office renforcée par le législateur

Fin 2011, le législateur provoquait une seconde lame de fond en introduisant la notion de « préjudice financier » dont le juge des comptes s'attache depuis lors à définir le contenu et les limites, sous le contrôle du Conseil d'État. Le système juridictionnel désormais en vigueur a fait place à une hybridation d'approches objective et subjective des contrôles exercés par les comptables publics. L'approche objective perdure quand le manquement du comptable a causé à l'organisme un préjudice financier, ce qui conduit le juge à constituer le comptable débiteur de cet organisme, et ce toujours à hauteur des sommes indûment décaissées[37] ou des sommes qui auraient dû être encaissées et qui ne l'ont pas été à raison du manquement du comptable[38].

À l'inverse, l'élément le plus évident de la « subjectivisation » de l'office du juge des comptes est la prise en compte des circonstances de l'espèce dans l'hypothèse où le manquement du comptable n'a pas causé de préjudice financier à l'organisme public : celle-ci conduit le juge à moduler les sommes non rémissibles mises à la charge des comptables publics. Évolution heureuse selon d'aucuns, tant elle permet au juge de s'affranchir de l'aléa que représente la

36. Article 6 § 1 de la Convention européenne de sauvegarde des droits de l'homme et des libertés fondamentales.

37. Voir, sur cette position classique, C. comptes, 4e ch., 31 janvier 2002, n° 31550, *Commune de Villefranche-sur-Saône (Rhône)*, *Revue du Trésor*, 2003, p. 229 ; C. comptes, 4e ch., 23 juin 2004, n° 40018, *Lycée Édouard Le Corbusier à Saint-Étienne-du-Rouvray (Seine-Maritime)*, *Revue du Trésor*, 2005, p. 315.

38. À cet égard, il est tentant d'opérer un rapprochement avec l'approche judiciaire du préjudice qui considère que sa réparation ne saurait se borner à une indemnisation consistant en une somme symbolique (Cass. soc. 18 novembre 2009, pourvoi n° 08-43523, *BUICC* n° 721 du 1er mai 2010).

possibilité d'une remise gracieuse ministérielle et conforte l'intérêt de cette mission juridictionnelle. Nonobstant le fait que « l'efficacité du contrôle juridictionnel ne saurait se résumer au nombre et au montant des sanctions pécuniaires prononcées »[39], qu'il nous soit permis toutefois de relever que le pouvoir réglementaire a retenu un plafond assez bas[40] qui, une fois la modulation opérée, laisse à la charge des comptables publics des sommes souvent modiques[41], voire aucune charge[42]. En outre, il faut convenir que la mise en œuvre de la modulation souffre encore d'un manque de rigueur ; les circonstances de l'espèce appellent une grille de lecture plus homogène.

---

39. Cour des comptes, *Rapport public annuel 2014, tome III – Les activités*, 2014, p. 24. La Cour a ici à l'esprit la dimension prophylactique de l'existence même du contrôle juridictionnel pour les comptables publics.

40. Article 1er du décret 2012-1386 du 10 décembre 2012 portant application du deuxième alinéa du VI de l'article 60 de la loi de finances de 1963 modifié, dans sa rédaction issue de l'article 90 de la loi n° 2011-1978 du 28 décembre 2011 de finances rectificative pour 2011 : « La somme maximale pouvant être mise à la charge du comptable, conformément aux dispositions du deuxième alinéa du VI de l'article 60 de la loi du 23 février 1963 susvisée, est fixée à un millième et demi du montant du cautionnement prévu pour le poste comptable considéré. »

41. Au niveau national, le montant moyen des sommes non rémissibles mises à la charge des comptables s'élevait à 175 euros en 2014 et 199 euros en 2015 (source : données collectées pour le *Rapport public annuel 2016 de la Cour des comptes*). Certains auteurs de la doctrine déplorent le caractère « ridiculement bas » des montants en jeu qui interroge sur l'effectivité de la « sanction » prononcée à l'encontre des comptables en l'absence de préjudice financier. D'aucuns ont même qualifié la réforme de 2011 de « réformette » : S. Thébault, « Le pas de plus vers la responsabilité pour faute du comptable ou comment tout changer en préservant l'essentiel », *RFFP*, 2013, n° 121, p. 234. D'autres jugent les sommes en jeu « ridicules », s'agissant d'un litige élevé en cassation et dont l'enjeu financier s'élevait à 50,60 euros (CE 21 mai 2014, B, *Min. de l'Économie et des Fin. c/M. Daniel Rémont*) : M. Collet, *op. cit.*, p. 1018.

42. Voir C. comptes, 4e ch., 18 septembre 2014, n° 70795, *Commune de Fécamp (Seine-Maritime)* (« il sera fait une juste appréciation des circonstances de l'espèce en n'usant pas de la faculté de mettre une somme à la charge de Mme Durand ») ou

Enfin, il n'a pas échappé à certains commentateurs[43] un paradoxe : « S'il n'y a pas préjudice, le comptable ne pourra pas échapper à une sanction, certes forfaitaire, alors qu'il le pourra s'il y en a un [en cas de respect du contrôle hiérarchisé de la dépense] »[44], faisant apparaître le risque que ce soit « dans le cas le moins grave que le comptable risque d'être effectivement sanctionné »[45]. Au-delà de ce paradoxe, ces évolutions soulèvent, en creux, des questions sur les insuffisances actuelles de l'office du juge des comptes.

II. Une innovation qui fait apparaître en creux les insuffisances de cet office juridictionnel

Si nous mettons de côté l'hypothèse d'une « dé-juridictionnalisation » de l'apurement des comptes[46], il est loisible de se demander si l'approche subjective du jugement des comptes devrait être renforcée (A) et il convient de relever que la réforme de 2011 éclaire d'un jour nouveau la nécessité d'instituer une responsabilité juridictionnelle spécifique et effective des ordonnateurs (B).

CRC NPdC, 26 mars 2013, n° 2013-0006, *Commune de Vivaise (Aisne)* (« compte tenu de la nature de la dépense et de son montant très faible, la fixation d'une somme à payer par le comptable ne pourrait être que d'un montant minime »).

43. Sur cette différence de régime jugée « contre-intuitive » : M. COLLET, *op. cit.*, p. 1018.

44. J.-L. GIRARDI, et L. RENOUARD, « Évolutions de la responsabilité personnelle et pécuniaire des comptables publics », *AJDA* 2012, p. 541.

45. J.-L. GIRARDI, et L. RENOUARD, « Nouveau régime de responsabilité personnelle et pécuniaire (RPP) des comptables publics. Les premières décisions des chambres régionales des comptes (CRC) », *Gestion & Finances Publiques*, n°s 8-9, août-septembre 2013, p. 10.

46. Voir notamment, M. COLLET, *op. cit.*, p. 1019-1020.

A. Une « subjectivisation » insuffisante du jugement des comptes ?

1. État des lieux d'une « subjectivisation » accrue, mais toujours limitée

De longue date, cette « subjectivisation » a emprunté deux formes : la possibilité d'infliger aux comptables patents ou de fait des amendes pour retard dans la production des comptes[47] et aux comptables de fait des amendes en raison de leur immixtion dans les fonctions de comptable public[48] – peine quasi correctionnelle introduite par un décret-loi du 23 octobre 1935.

---

47. Voir aujourd'hui l'article L. 231-10 du CJF. Tenant compte des circonstances de l'espèce, la Cour des comptes a pu ne pas prononcer d'amende à l'encontre d'un comptable dont le retard « était dû en grande partie à une incapacité de travail survenue à la suite d'un accident grave » (C. comptes, 31 janvier 1905, *Sieur Joos, receveur syndical des Waeteringues du Nord*, *Rec.* 7) ou dont le retard était dû à l'état de santé de l'intéressé (C. comptes, 28 juin 1989, *Mme Peyrot, LEP Baudelaire à Évry*, *Rec.* 68 ; C. comptes, 25 mars 2004, *Paulin*, *Rec.* 11 ; CRC Aquitaine, 9 juillet 2009, *Collège Truffaut à Saint-Martin-de-Seignaux [Landes]*, *Rec.* 46) ; que la Cour a pu minorer le montant d'une amende pour retard dans la production du compte en raison d'un congé maladie d'une durée d'un trimestre (C. comptes, 23 février 1967, *Agent comptable de l'École agronomique de Grignon*), comme elle avait pu précédemment écarter cette circonstance tirée de la maladie d'un receveur municipal qui « n'a[vait] en quelques sortes jamais produit ses comptes en temps utile » (C. comptes, 16 juin 1914, *Commune de Saintes*, *Rec.* 54) ; que « l'insuffisance numérique du personnel » a parfois pu jouer comme circonstance atténuante (C. comptes, 9 mai 1963, *Sieur Chevalier, Mémorial des percepteurs*), voire comme circonstance exonératoire de responsabilité (C. comptes, 13 juin 2002, *M. Leeuws, comptable du Centre national de la fonction publique territoriale* : circonstances exonératoires liées à des dysfonctionnements dus à une application informatique ne permettant pas la reprise des balances de sortie en balance d'entrée qui ont entraîné des « difficultés [...] aggravées par le départ de quatre agents de l'agence comptable de l'établissement » sur un nombre total d'agents non précisés par l'arrêt), comme elle a pu être écarté par la Cour dans d'autres espèces (C. comptes, 29 juin 1967, *Receveur de la commune de Créteil*).

48. Voir l'article L. 231-11 du CJF.

En 2014-2015, au niveau national, les débets représentaient toujours 74 % des cas de mise en jeu de la responsabilité des comptables, contre 26 % pour les sommes non rémissibles mises à leur charge (qui ne produisent pas intérêt)[49], avec un débet d'un montant moyen de 53 120 euros et une somme non rémissible d'un montant moyen de 189 euros[50], soit un rapport de 1 à 180 entre ces deux sommes[51]. On ne saurait mieux souligner la différence de philosophie qui préside nécessairement à un tel écart. Par la modulation des sommes susceptibles d'être mises à la charge des comptables, le juge financier s'est engagé dans la voie d'un contentieux plus subjectif. La base législative étant désormais posée, d'aucuns considèrent qu'il conviendrait de modifier le plafond réglementaire des sommes susceptibles d'être mises à la charge des comptables publics[52], afin d'accroître l'effectivité des décisions du juge des comptes[53]. En l'état, ce sont les trois quarts des décisions des CRTC qui restent essentiellement régies par une approche objective. En effet, en présence d'un préjudice causé par un manquement du comptable, le législateur a prévu que « le comptable a l'obligation de verser immédiatement de ses deniers personnels la somme correspondante », ce qui ne laisse aucune marge de manœuvre au juge des comptes. Par comparaison,

49. C. comptes, 7e ch., 29 janvier 2013, n° 65861, *Conservatoire de l'espace littoral et des rivages lacustres (CELRL)*.

50. Avec vraisemblablement un écart-type du montant des sommes non rémissibles assez faible.

51. Source : données collectées pour le *Rapport public annuel 2016 de la Cour des comptes*.

52. À cet égard, le pourvoi en cassation du ministre dans l'affaire *Rémont* nous laisse sceptique sur les chances de succès d'une telle évolution.

53. Sur l'impression très mitigée que donne le nouvel office des comptes aux yeux d'une partie de la doctrine universitaire, voir en particulier S. DAMAREY, « Le nouveau régime de responsabilité du comptable public », *AJDA* 2014, p. 2405 ; F. T. RAKOTONDRAHASO, « Les remises gracieuses accordées aux comptables publics », *RFDA* mars-avril 2015, p. 417-425 ; S. THÉBAULT, « Le pas de plus vers la responsabilité pour faute du comptable ou comment tout changer en préservant l'essentiel », *RFFP* 2013, n° 121, p. 233-240.

en matière de fixation du montant des pénalités de retard au titre de marchés publics[54], le juge administratif de droit commun tient compte de l'éventuel préjudice subi par la personne publique, mais il ne s'agit que d'une sorte de plancher[55] qui laisse une latitude au juge pour apprécier le surplus qui permet aux pénalités contractuelles de conserver leur caractère préventif.

Mais il y a plus : l'analyse même de la notion de préjudice financier reste, pour l'essentiel, déterminée par une approche objective. En sus du fait que le juge des comptes ne s'estime pas lié par son appréciation par les parties, tout se passe comme si le juge postulait l'existence d'un tel préjudice en l'absence d'éléments permettant au comptable d'effectuer le contrôle de la validité de la dépense. C'est ainsi que la Cour des comptes a pu estimer que la certification du service fait, la signature des bordereaux de mandat par l'ordonnateur ne sont pas de nature à démontrer l'absence de préjudice financier[56] ; le préjudice financier est également constitué en matière de paiements de marchés publics frappés d'un vice d'incompétence[57]. Cette posi-

---

54. CE 29 décembre 2008, *Office public d'habitations à loyer modéré (OPHLM) de Puteaux*, n° 296930, A.

55. Les pénalités englobent dans ce cas le montant du préjudice tel qu'il peut être estimé et un surplus qui permet aux pénalités de retard de conserver leur caractère dissuasif; voir, à cet égard, les conclusions sous l'arrêt précité de M. Bertrand Dacosta : « Le juge judiciaire, pour sa part, apprécie le caractère manifestement excessif ou non de façon objective, non au regard de la situation du débiteur, mais en comparant le préjudice effectivement subi et le montant de l'indemnité prévue. Il fixe donc l'indemnité quelque part entre ces deux montants. Il doit être clair que l'acclimatation du pouvoir de modulation des pénalités au droit des contrats administratifs ne saurait conduire le juge, dans le cas où les pénalités seraient excessives, à en fixer systématiquement le montant au niveau du préjudice réel, sauf à priver ces sanctions de tout effet dissuasif. » (p. 6).

56. C. comptes, 4e ch., 16 avril 2015, n° 72153, *Centre d'hébergement gérontologique « La Filandière » à Déville-lès-Rouen (Seine-Maritime)*.

57. C. comptes, 4e ch., 10 septembre 2015, n° 72611, *Centre hospitalier Paul Chapron à La Ferté-Bernard (Sarthe)* et 19 novembre 2015, n° 72761, *Commune de Martignas-sur-Jalle (Gironde)*.

tion n'est pas exempte de tout reproche, tant elle semble éloignée de l'intention du législateur. En effet, il convient de rappeler que l'exposé des motifs de l'amendement parlementaire adopté fin 2011 faisait référence aux hypothèses d'enrichissement sans cause des organismes publics bénéficiaires des débets. Une approche objective du préjudice financier neutralise souvent l'interprétation téléologique que la loi semblait appeler.

Il y a peut-être pire : la jurisprudence des juridictions financières n'est pas homogène sur cette question, un arrêt de la Cour des comptes du 22 juillet 2015 ayant implicitement retenu une approche plus téléologique[58]. Le juge de cassation n'a pas encore tranché complètement cette question.

Une certaine « subjectivisation » intervient également lors de la caractérisation par le juge des comptes des circonstances de force majeure[59] – exonératoires de responsabilité pour le comptable qui peut s'en prévaloir – avec une portée néanmoins très limitée en pratique[60].

---

58. C. comptes, 1re ch., 22 juillet 2015, n° 72551, *DRFiP d'Aquitaine et du département de la Gironde*.

59. Article 146 de la loi n° 2006-1771 du 30 décembre 2006 de finances rectificative pour 2006.

Voir notamment M. ABDULGHANI, « Le juge des comptes, juge de la force majeure », Gestion & Finances Publiques, n° 1, janvier 2013, p. 52-59.

60. Sous l'empire des nouvelles procédures, il existe un unique cas dans lequel ces circonstances ont été reconnues établies par la Cour des comptes, sur conclusions contraires du parquet général : C. comptes, 4e ch., 16 avril 2015, n° 72327, *Centre culturel français de Kigali (Rwanda)* : (« Attendu que les moyens précités résultent de la rupture des relations diplomatiques entre la France et le Rwanda [...] ; que ces circonstances étant à la fois extérieures, imprévisibles et irrésistibles, la force majeure est caractérisée »). Pour des décisions antérieures, voir C. comptes, 4e ch., 22 mai 2008, *SIAEP de Guerbigny (Somme)* ; CRC Alsace, 20 mai 2010, n° 2010-0001, *CHI de la Lauter à Wissembourg*; CRC Auvergne, 1er juillet 2010, n° 2010-0008, *Commune de Chantelle (Allier)* ; CRC Alsace, 2 juillet 2010, n° 2010-0006, *Institut national des sciences appliquées de Strasbourg (Bas-Rhin)* ; C. comptes, 4e ch., 8 septembre 2011, n° 61824, *Centre hospitalier de Thiers (Puy-de-Dôme)*.

Enfin, il convient de noter que la consultation de la Cour des comptes avant certaines remises gracieuses ministérielles, autre élément de subjectivisation introduit en 2008 à l'article 9 du décret n° 2008-228 du 5 mars 2008 relatif à la constatation et à l'apurement des débets des comptables publics et assimilés[61] et qui, aux dires de Philippe Seguin, permettait qu'« on ne joue plus avec la dignité de la Cour »[62], a été supprimée par le décret n° 2012-1387 du 10 décembre 2012, évolution jugée « des plus regrettables » par un universitaire[63].

2. L'idée d'un approfondissement de la « subjectivisation » de l'office du juge des comptes

Cette évolution pourrait, dans un avenir plus ou moins lointain, être appelée à s'approfondir, avec la perspective d'une suppression du pouvoir de remise gracieuse. En 2010, la Cour des comptes avait proposé cette suppression ; aux termes des discussions, la solution de compromis a donc été celle que nous avons précédemment décrite. Ce compromis n'est pas sans certains inconvénients. À titre d'exemple, l'hybridation actuelle du jugement des comptes et des comptables n'a pas complètement mis un terme à la pratique, critiquée de longue date, des débets sans préjudice. Ainsi, un comptable constitué débiteur pour avoir payé des remboursements de frais de mission en l'absence d'ordres de mission rembourse à la collectivité publique un manquant au titre duquel elle a bénéficié de contreparties[64]. De manière analogue, l'organisme public a bénéficié d'une contrepartie

61. La Cour a ainsi pu prendre en compte l'appréciation du comptable supérieur sur la manière de servir du comptable (avis n° 60847 du 28 mars 2011), les capacités contributives du comptable (avis n° 62369 du 24 octobre 2011), les instructions ambiguës de la DGFiP (avis n° 63742 du 26 mars 2012), le respect par le comptable des instructions de sa direction générale (avis n° 65656 du 10 décembre 2012).

62. Ph. SEGUIN, allocution prononcée lors de l'audience solennelle de rentrée de la Cour des comptes, 23 janvier 2006.

63. F. T. RAKOTONDRAHASO, *op. cit.*, p. 424.

64. C. comptes, 7e ch., 7 avril 2014, n° 69245, *Office national interprofessionnel des plantes à parfum, aromatiques et médicinales (ONIPPAM)*, charge n° 2 avec un débet de 13,40 euros hors intérêts de droit.

alors qu'est constitué débiteur le comptable qui a payé à des agents municipaux des heures complémentaires effectivement réalisées en l'absence de fondement légal (délibération)[65].

La doctrine universitaire plaide majoritairement en faveur de ce déplacement du curseur, qui impliquerait que le juge financier tienne compte de l'ensemble des circonstances dans lesquelles tel ou tel manquement a pu être commis (contrôle sélectif de la dépense, cadre d'exécution, effectifs du poste comptable, comportement du comptable, etc.). L'aboutissement de cette logique serait l'institution d'une véritable responsabilité pour faute des comptables publics, appelée de leurs vœux par certains universitaires[66]. Nous en sommes encore loin. Au demeurant, il est peut-être douteux que cette question soit la plus importante pour assurer l'efficacité de l'office du juge des comptes. Les enjeux de la gestion publique ne se limitent pas aux missions confiées par le législateur et le pouvoir réglementaire aux seuls comptables publics, il s'en faut. De fait, il n'est pas rare qu'en quelques circonstances, le juge des comptes ait parfois la désagréable impression de « filtrer le moustique et de laisser passer le chameau »[67].

65. C. comptes, 4e ch., 15 mai 2014, no 69810, *Communauté de communes du pays bellêmois*, *Rec.* 79 ; C. comptes, 4e ch., 13 novembre 2014, no 71139 rectifié, *Commune de Dangeau (Eure-et-Loir)* ; C. comptes, 4e ch., 22 janvier 2015, no 71644, *Commune de Sant-Josse (Pas-de-Calais)*.

66. F. AKHOUNE et S. THÉBAULT, « Vers une responsabilité pour faute devant les juridictions financières », *RFFP*, spécial no 100, novembre 2007, p. 259-267.

67. Voir pour un emploi parallèle de cette expression heureuse : B. POUJADE, « Filtrer le moustique et laisser passer le chameau : le contrôle de légalité aujourd'hui », *Bulletin juridique des collectivités locales*, no 11/2013, p. 720.

B. L'introuvable responsabilité juridictionnelle des ordonnateurs

1. Une imputabilité tronquée du préjudice financier ?

En avril 2014[68], la Cour des comptes a mis un terme à des divergences de jurisprudence des CRC qui avaient, dans un premier temps, tenu compte de la répartition des rôles des ordonnateurs et des comptables publics pour en tirer des conséquences venant minorer, voire exonérer la responsabilité des comptables[69]. Dans son approche de la causalité, élément du triptyque constitutif de tout régime de

68. C. comptes, 4e ch., 10 avril 2014, n° 69575, *Communauté de communes du Saint-Affricain – CCSA (Aveyron)*. Voir notamment *AJDA*, n° 44/2014, 29 décembre 2014, note et arrêts p. 2524-2528. Considérant de principe : « Considérant que les obligations de contrôle précitées visent notamment à prévenir la survenance d'un éventuel préjudice financier à la collectivité ; que le comptable en est responsable sur ses deniers personnels ; que dès lors, lorsqu'un préjudice financier n'a pu être évité du fait d'un manquement du comptable auxdites obligations, il y a lieu de l'en tenir pour seul responsable. »

69. Voir, entre autres exemples, CRC Basse-Normandie, Haute-Normandie, 10 octobre 2013, n° 2013-0022, *Commune de Fécamp (Seine-Maritime)* : « Attendu que les paiements sont intervenus sur la base d'une délibération dont la formulation traduit expressément l'intention du conseil municipal de Fécamp d'accorder le bénéfice des heures supplémentaires, sous la responsabilité du maire, au plus à l'ensemble des agents des catégories C et B ; qu'ainsi le manquement qu'ils ont commis en payant les mandats susvisés n'a causé aucun préjudice financier à la commune de Fécamp. » CRC Basse-Normandie, Haute-Normandie, 10 octobre 2013, n° 2013-0023, *Commune de Gournay-en-Bray (Seine-Maritime)* ; CRC PACA, n° 2013-0008, 21 juin 2013, *Commune de Sainte-Maxime (Var)* ; CRC Pays de la Loire, n° 2013-0007, 26 juillet 2013, *Commune de Saint-Berthevin (Mayenne)* ; CRC Aquitaine Poitou-Charentes, n° 2014-0001, 12 février 2014, *Commune de La Peyratte (Deux-Sèvres)* : « Considérant que les règlements en cause ne résultant pas d'une manifestation préalable aux paiements expresse, non équivoque, libre, spécifique et informée de l'assemblée délibérante, seul organe compétent en l'espèce pour exprimer l'intention de la commune en matière de régime indemnitaire, il résulte du manquement du comptable à ses obligations de contrôle des pièces justificatives à l'appui des mandats un préjudice financier pour la collectivité. »

responsabilité[70], la Cour s'est fondée sur la spécificité/exclusivité de la mission du comptable public[71] et du principe de séparation des ordonnateurs et des comptables posée initialement, en recettes, par les décrets des 24 Vendémiaire et 17 Frimaire an III et, en dépenses, par l'ordonnance royale du 14 septembre 1822[72] pour faire de ces derniers, dans la majorité des hypothèses, ceux qui sont susceptibles de causer un préjudice financier aux organismes publics, écartant toute possibilité de partage de responsabilités. En effet, aux termes des contrôles qu'ils doivent exercer en dépenses et des diligences qu'ils doivent accomplir en matière de recouvrement des recettes, les comptables sont tenus pour les seuls responsables du dommage causé à l'organisme public. En matière de recouvrement de recettes, la seule hypothèse dans laquelle le lien d'imputation entre le préjudice et les comptables n'est pas établi est l'insuffisance d'actif dans le cadre d'une procédure collective[73].

Alors que certains comptables arguaient de l'absence d'examen par les juridictions financières du « caractère prépondérant du lien de causalité entre le manquement et le préjudice », la Cour des comptes n'a pas retenu une approche de la causalité reposant sur la notion

70. En matière de responsabilité, ce triptyque est le suivant : un dommage, un fait générateur et un lien de causalité.

71. Voir, entre autres exemples, C. comptes, 4e ch., 15 mai 2014, n° 69810, *Communauté de communes du pays bellêmois*, *Rec.* 79 ; 22 janvier 2015, *Contrôleur budgétaire et comptable ministériel (CBCM) auprès du ministre de la Justice*.

72. Séparation reprise par une ordonnance du 31 mai 1838, systématisée par un décret du 31 mai 1862. Sous la Ve République, voir article 20 du décret n° 62-1587 du 29 décembre 1962 portant règlement général sur la comptabilité publique (« les fonctions d'ordonnateur et celles de comptable public sont incompatibles ») et art. 9 du décret n° 2012-1246 du 7 novembre 2012 relatif à la gestion budgétaire et comptable publique – « GBCP ».

73. Quelles qu'aient été les diligences du comptable, l'absence d'encaissement de la recette par l'organisme public n'est pas causée par le manquement du comptable à ses obligations, mais par l'insuffisance de l'actif.

de cause déterminante[74] (laquelle réside presque toujours dans un acte de l'ordonnateur ou de l'organe délibérant) ou sur la théorie de l'équivalence des conditions[75] – ou des causes[76] (seule une CRC a pu appliquer expressément cette seconde théorie)[77]. Une seule personne est responsable de l'ouverture de la caisse et donc à l'origine

74. Le Conseil d'État évoque parfois expressément la notion de « cause déterminante » dans sa jurisprudence : CE 28 juillet 1993, *Ministre de la Défense c/M. Michel Stefani*, n° 121702, A; CE 29 avril 2013, *Mme Annie Le Goascoz, veuve Pitor et Mme Aurélie Pitor*, n° 344749, A; CE 30 avril 2012, *Consorts Dejardin*, n° 346876, C.

75. C. comptes, 4e ch., 10 avril 2014, *Communauté de communes du Saint-Affricain – CCSA (Aveyron)*, n° 69575 : « Attendu que le comptable estime que la chambre a fait à tort application de la théorie de "l'équivalence des conditions" alors qu'elle aurait dû retenir celle de la "causalité adéquate" [...] Considérant que les obligations de contrôle précitées visent notamment à prévenir la survenance d'un éventuel préjudice financier à la collectivité; que le comptable en est responsable sur ses deniers personnels; que dès lors, lorsqu'un préjudice financier n'a pu être évité du fait d'un manquement du comptable auxdites obligations, il y a lieu de l'en tenir pour seul responsable. »

76. La théorie de l'équivalence des conditions, défendue principalement par l'allemand Maximilian Von Buri, sous le nom de *Bedingungstheorie* et qui trouve une lointaine origine dans le principe de la raison suffisante développé par Gottfried Wilhelm Leibniz (1668, *Confessio naturae* pour la première occurrence de la théorie; puis *Theoria motus abstracti* et *Théodicée*, 1710, 1747), se caractérise par son refus d'opérer une telle sélection des causes. La Cour de cassation s'y réfère parfois sous le nom d'« équivalence des causes » en matière de responsabilité délictuelle : Cass., 2e ch., pourvoi n° 01-00850, 27 mars 2003. Elle le consacre également implicitement comme dans sa décision de la 2e chambre rendue sur le pourvoi n° 08-16920, 10 novembre 2009. Les partisans de cette théorie, appelée encore « théorie de la condition *sine qua non* » outre-Quiévrain, considèrent qu'elles ont toutes eu un rôle équivalent, puisque, par hypothèse, en aurait-il manqué une seule, le préjudice ne se serait pas produit : chacune en a été la condition *sine qua non* (voir l'adage *sublata causa, tollitur effectus*, « la cause enlevée, la conséquence disparaît »).

77. CRC Guadeloupe, Martinique, Guyane, 28 octobre 2014, *Commune du Diamant (Martinique)*, n° 2014-0006; 28 octobre 2014, *Commune de Sainte-Luce (Martinique)*, n° 2014-007; 9 avril 2015, *Communauté de communes du Sud Basse-Terre (Guadeloupe)*, n° 2015-0001; 6 octobre 2015, *Commune d'Anse-Bertrand (Guadeloupe)*, n° 2015-005.

du préjudice subi, de même qu'un seul comptable peut classiquement se voir imputer le défaut de recouvrement d'une créance[78]. L'impossibilité de procéder à un partage des responsabilités liée à l'absence de juridiction des CRC et de la Cour des comptes sur les ordonnateurs[79], les assemblées délibérantes ou les tiers, explique aussi cette analyse causale[80].

---

78. CE Ass., 23 juin 1989, *Ministre du Budget c/M. Veque et al.*, n° 67442, A, *RFDA* 1990, p. 100, conclusions Patrick Frydman : « Il est inexact de prétendre qu'il y aurait plusieurs facteurs concourant sur un pied d'égalité à la survenance du dommage résultant de l'acte irrégulier, puisqu'il dépend bien d'un seul acteur, placé à cette fin par la loi, d'en interrompre le cours. »

79. Article 18 de la loi du 16 sept. 1807 : « La Cour ne pourra, en aucun cas, s'attribuer de juridiction sur les ordonnateurs. »

80. Voir sur ce point les conclusions du procureur général près la Cour des comptes sous l'arrêt d'appel C. comptes, 4e ch., 10 avril 2014, *Communauté de communes du Saint-Affricain – CCSA (Aveyron)*, n° 69575 : « Sans doute la jurisprudence administrative, civile et pénale prend-elle en compte le fait de la victime pour y voir une cause exonératoire ou, plus souvent, comme justifiant un partage de responsabilité. Pour sa part, le juge des comptes ne peut procéder à un tel partage puisqu'il n'a pas juridiction sur les ordonnateurs, les assemblées délibérantes ou les tiers [...] dont l'intervention a également pu contribuer à l'irrégularité. Sa mission se borne à vérifier si un comptable s'est correctement acquitté de ses obligations [...] Lorsqu'un tel préjudice est constaté, le juge ne peut que constituer le comptable débiteur de la totalité des sommes en cause, même si d'autres interventions ont contribué au dommage et même si celui-ci est très inférieur au montant du débet (CE 30 décembre 2013, *Hordé et Chazeau*). [...] M. Cardi soutient que le juge des comptes aurait fait une application malencontreuse de la théorie de l'équivalence des conditions, en accordant à sa part de responsabilité un poids excessif dans la survenance du dommage. Cette interprétation n'est pas exacte : elle reviendrait, non seulement, à subsumer ("englober") systématiquement la responsabilité ultime (du point de vue de la chronologie) du comptable dans celle des autres acteurs en amont de la dépense publique, mais surtout elle revient à nier qu'il existe une responsabilité particulière des comptables à l'égard des paiements. Or, à l'égard du paiement (et de ses conséquences dommageables), il n'y a précisément pas "d'équivalence des conditions" qui l'ont favorisé, puisqu'un seul auteur est par définition responsable de l'ouverture de caisse, qui constitue bien l'unique acte à l'origine du dommage. Il est inexact de prétendre qu'il y aurait plusieurs facteurs concourant sur un pied d'inégalité à la survenance du dommage résultant de l'acte irrégulier, puisqu'il dépend

Dès lors, pour convaincante qu'elle soit, cette théorie de la causalité fondée sur l'importance de la dichotomie entre ordonnateurs et comptables et sur la spécificité subséquente de la responsabilité personnelle et pécuniaire des comptables publics n'est pas sans poser en creux la question de l'institution d'une responsabilité spécifique des gestionnaires publics. Objet de réforme proposé de manière récurrente par la Cour des comptes, cette responsabilité prendrait tout son sens après l'entrée en vigueur de la LOLF[81], qui a accru les responsabilités des gestionnaires sans que des conséquences juridiques en fussent tirées pour sanctionner, le cas échéant, les fautes de gestion, dans le contexte des finances publiques que nous connaissons par ailleurs.

Une façon de résoudre le problème de l'imputation tronquée pourrait consister à modifier l'appréhension causale de l'origine du préjudice financier subi par l'organisme public. Serait précisé le lien d'imputation entre le manquement et le préjudice. Pourrait ainsi être sanctionné non seulement le fait d'avoir causé ledit préjudice, mais également celui d'avoir contribué à le causer, par analogie avec les termes employés par le Code pénal[82]. Il nous paraît peu probable que cette voie soit empruntée dans les années à venir.

---

bien d'un seul acteur, placé à cette fin par la loi, d'en interrompre le cours./ Toute autre interprétation conduirait à vider de sa substance le principe de responsabilité personnelle et pécuniaire des comptables publics, particulièrement en dépenses. »

81. Loi organique n° 2001-692 du 1er août 2001 relative aux lois de finances.

82. Article 121-3 du Code pénal, 4e alinéa : « […] les personnes physiques qui n'ont pas causé directement le dommage, mais qui ont créé ou contribué à créer la situation qui a permis la réalisation du dommage ou qui n'ont pas pris les mesures permettant de l'éviter, sont responsables pénalement s'il est établi qu'elles ont, soit violé de façon manifestement délibérée une obligation particulière de prudence ou de sécurité prévue par la loi ou le règlement, soit commis une faute caractérisée et qui exposait autrui à un risque d'une particulière gravité qu'elles ne pouvaient ignorer. »

2. La quasi-absence d'une responsabilité juridictionnelle spécifique des ordonnateurs

Dès lors, c'est plus globalement la question d'une responsabilité spécifique pour les ordonnateurs qui est posée. Le système actuel, qui laisse peu de place à une responsabilité entre les deux bornes que sont une quasi-irresponsabilité[83] – démocratiquement inacceptable – et la pénalisation de l'action publique[84] – souvent disproportionnée –, demeure insatisfaisant. Si elle existe en droit positif, la responsabilité des ordonnateurs n'est qu'occasionnellement sanctionnée. L'une des raisons de ce constat est la volonté d'éviter d'entraver l'action de l'administration par une répression trop aisée de simples fautes de gestion. Cette crainte est probablement exagérée.

De fait, la nécessité d'une responsabilité juridictionnelle spécifique des ordonnateurs a été reconnue au plus haut niveau de nos institutions.

83. Certes, il existe une responsabilité des ordonnateurs (non spécifiée par l'article 12 du décret n° 2012-1246), en particulier devant la Cour de discipline budgétaire et financière – CDBF (art. 9 du décret n° 62-1587), mais cette dernière est limitée aux rares hypothèses d'inexécution d'une décision de justice (CDBF, 20 décembre 2001, *M. Janky c/Région Guadeloupe)*, de réquisition du comptable avec octroi d'un avantage injustifié à autrui (CDBF, 30 juin 2006, *SIVOM de la région d'Étaples-sur-Mer*), de non-respect d'une décision d'astreinte et lorsque les élus locaux agissent dans des fonctions qui ne sont pas l'accessoire obligé de leur fonction principale – comme la présidence d'une société d'économie mixte (CDBF, 19 juillet 1974, *SEM d'aménagement et de gestion du marché d'intérêt national de Paris La Villette – SEMVI*; Voir pour une illustration récente CDBF, 13 octobre 2015, n° 202-725, *Sté d'aménagement du Val-de-Marne et de développement des villes et du département du Val-de-Marne – SADEV 94)*. De surcroît, cette juridiction n'a rendu que 204 arrêts entre 1948, date de sa création, et fin 2015, soit une moyenne d'environ trois arrêts par an – avec néanmoins une nette augmentation de son activité constatée ces dernières années.

84. Les chambres régionales des comptes peuvent informer l'autorité judiciaire de délits présumés qui relèvent du Code pénal, sur le fondement de l'article R. 241-25 du CJF ou de l'article 40 du Code de procédure pénale.

Dans l'allocution qu'il prononça à l'occasion des cérémonies célébrant le bicentenaire de la Cour des comptes, le président de la République estima ainsi que

> « trop longtemps, on a considéré que le propre de l'argent public était d'être dépensé sans compter, qu'il était dans la nature du service public que son efficacité ne soit pas mesurable et que si l'on devait demander des comptes au comptable, il n'était pas légitime d'en demander à l'ordonnateur. [...] cette époque est révolue. Notre État a besoin d'une révolution intellectuelle et morale.[85] »

Or, force est de constater, d'une part, que le système juridictionnel actuel ignore l'imbrication croissante des rôles respectifs du comptable et de l'ordonnateur, que les prochaines années sont appelées à renforcer – que l'on pense, entre autres exemples, à la mise en place de services facturiers au sein du secteur public local[86], au contrôle allégé en partenariat (CAP)[87] ou aux effets induits de la certification des comptes des hôpitaux[88], des collectivités territoriales et des établissements publics de coopération intercommunale[89].

---

85. Allocution prononcée le 5 novembre 2007 à la Cour des comptes.

86. Article 41 du décret nº 2012-1246 du 7 novembre 2012 relatif à la gestion budgétaire et comptable publique – « GBCP » : « Lorsqu'il est mis en place, un service facturier placé sous l'autorité d'un comptable public est chargé de recevoir et d'enregistrer les factures et titres établissant les droits acquis aux créanciers./ Dans ce cas, le montant de la dépense est arrêté par le comptable au vu des factures et titres mentionnés à l'alinéa précédent et de la certification du service fait. Cette certification constitue l'ordre de payer défini aux articles 11 et 29 à 32. »

87. Article 42 du décret nº 2012-1246 du 7 novembre 2012 relatif à la gestion budgétaire et comptable publique, « GBCP » : « [...] L'ordonnateur peut être associé à l'appréciation de ces risques. Le ministre chargé du Budget précise par arrêté les conditions de ce contrôle allégé en partenariat. » Voir également l'arrêté du 11 mai 2011 modifié du ministre du Budget.

88. Voir, à titre d'exemple, H. GROSSKOPF, et J. HUBERT, « Les enjeux de la coopération entre les directeurs d'hôpitaux et les comptables publics », *Gestion & Finances Publiques*, nº 3/4, mars-avril 2015, p. 52-61.

89. Article 110 de la loi nº 2015-991 du 7 août 2015 portant nouvelle organisation territoriale de la République (loi « NOTRe ») et expérimentation à venir.

D'autre part, ce système ne paraît plus adapté à une gestion publique qui met en avant l'efficacité, l'efficience et la performance. En effet, dans une société démocratique, ces notions impliquent la transparence de la gestion, l'évaluation des résultats et la responsabilisation des gestionnaires. Or, au cours des dix dernières années, l'écart s'est creusé entre l'accroissement des responsabilités et l'absence de réelle sanction des gestionnaires en cas de mauvaise gestion. Ce hiatus crée un trouble dans l'appréhension de l'utilisation de l'argent public par le juge financier et peut générer un sentiment de malaise démocratique. Malaise d'autant plus grand que le reflux dans le champ pénal de dysfonctionnements administratifs qui devraient plus logiquement relever du Code des juridictions financières, par exemple par le biais d'un système d'amendes plafonnées, s'avère inadapté.

La seule sanction du suffrage universel ne semble pas davantage à la hauteur du contexte de la nouvelle gestion publique. L'une des voies envisageables consisterait à modifier le troisième livre des juridictions financières et à enrichir les infractions permettant de mettre en jeu la responsabilité des gestionnaires publics[90], à élargir le champ des personnes susceptibles d'être poursuivies devant la CDBF, voire à alléger la procédure suivie devant cette juridiction qui « distingue [déjà] clairement la faute de gestion de l'irrégularité

90. Nous pensons à l'introduction d'une responsabilité des élus locaux qui ne suivraient pas les avis des chambres régionales des comptes et ne respecteraient pas les arrêtés préfectoraux ou, plus largement, à une responsabilité liée à la situation financière très dégradée d'une collectivité territoriale. Nous pensons également à une incrimination de l'avantage injustifié à soi-même, à l'incrimination de favoritisme non intentionnel dans le cadre de l'accès à la commande publique, à la sanction des manquements graves et répétés dans l'exécution des mesures de redressement prévues en matière de contrôle budgétaire – que l'on se rappelle les manquements des ordonnateurs des communes de Pont-Saint-Esprit (C. comptes, *Rapport public annuel – RPA* 2012, p. 347-366 et synthèse p. 112-113) et Hénin-Beaumont (C. comptes, *RPA* 2013, p. 75-86 et synthèse p. 14) en la matière, il y a quelques années.

proprement dite »[91]. Telles étaient, au demeurant, les orientations du projet de réforme de cette juridiction, qui avorta entre 2009 et 2011[92]. La ligne de partage entre répression juridictionnelle de la faute de gestion[93] et critique non juridictionnelle de simples erreurs de gestion (qui relève du contrôle de la gestion) n'a malheureusement pas été modifiée par les dernières réformes.

Si la notion de « préjudice » s'est remarquablement ancrée dans le paysage des finances publiques locales et a, ce faisant, modifié notre appréhension de l'ordre public financier, le coin existant entre notre ordonnancement juridique et certaines attentes démocratiques semble, pour sa part, s'être accru[94]. Il serait pour le moins paradoxal,

---

91. Ch. DESCHEEMAEKER, « La Cour de discipline budgétaire et financière face aux fautes de gestion », *RDT*, n° 6, juin 1994, p. 322 et s.

92. Voir, à cet égard, S. DAMAREY, « La réforme avortée/annoncée de la Cour de discipline budgétaire et financière », *Gestion & Finances Publiques*, n° 3/4, mars-avril 2015 et S. DAMAREY, « L'acte (II) manqué de la réforme des juridictions financières », *AJDA*, 2012, p. 317.

93. Pour la confirmation, par le juge de cassation de la CDBF, de la légalité des sanctions pour fautes graves de gestion, voir par exemple CE sect., 9 décembre 1977, *Sieur Michel De Grailly*, n° 97399, A, *Leb.*, p. 493 ; CE 15 novembre 2006, *M. Guy-Marie Gallet*, n° 253904, A, *Leb.*, p. 466, *AJDA* 2007, p. 697, note Biscaïno ; *La Revue du Trésor* 2007, p. 722, note M. Lascombe, et X. Vandendriessche ; *LPA* 2007, n° 131, p. 11, note Petit.

94. À nos yeux, ce « coin » existait déjà. Voir, entre autres exemples, les propos tenus par D. Maupas, « Le point de vue personnel d'un comptable public sur la jurisprudence Martinie et le droit au prétendu "procès équitable" en matière de jugement des comptes », *RFFP*, n° 106, avril 2009, p. 203-210 : « Ma conviction est que la jurisprudence *Martinie* en "judiciarisant" le jugement des comptes des comptables publics **le fait changer de nature** et que cette situation nouvelle **appelle une refondation d'ensemble** des relations entre les comptables, les ordonnateurs, le juge financier et le juge des comptes./ D'autant que le comptable n'est pas un acteur isolé, mais partie prenante à la gestion de l'État, des collectivités et des organismes publics. » (Propos mis en gras par l'auteur lui-même ; p. 209).

voire anormal, que l'un des acteurs majeurs du droit public financier, l'ordonnateur[95], demeure durablement absent de l'une de ses scènes démocratiques – celle de sa « justiciabilité ».

***
*

À une époque où prévalent les principes de transparence, de responsabilité et d'efficacité en matière de gestion publique comme dans la vie en général[96], ces attentes légitimes demeurent assorties d'un mécanisme de sanction incomplet. La « révolution intellectuelle et morale », appelée de ses vœux par le chef de l'État il y a près de dix ans, reste largement à accomplir. Malgré les retouches successives[97] déjà apportées par le législateur à l'article 60 de la loi de finances pour 1963, le mot de Boileau peut venir à l'esprit à l'esprit :

> « Hâtez-vous lentement, et sans perdre courage,/ Vingt fois sur le métier remettez votre ouvrage[98]. »

L'extension récente du contrôle des juridictions financières aux personnes morales de droit privé à caractère social ou médico-social[99], qui perçoivent chaque année plusieurs dizaines de milliards d'euros

95. Voir St. THÉBAULT, « L'ordonnateur en droit public financier », thèse de doctorat, mars 2007.

96. Voir par exemple A. EHRENBERG, *Le culte de la performance*, 1991, Calmann-Lévy, ISBN-10 : 2818501989.

97. Loi nº 2004-1485 du 30 décembre 2004, loi nº 2006-1771 du 30 décembre 2006, loi nº 2008-1091 du 28 octobre 2008, loi nº 2009-1674 du 30 décembre 2009 et loi nº 2011-1978 du 28 décembre 2011.

98. N. BOILEAU, *L'Art poétique*, Paris, 1674.

99. Art. 109 de la loi nº 2016-41 du 26 janvier 2016 de modernisation de notre système de santé. Pour les CRC, voir l'article L. 211-10 CJF : « Sans préjudice de la compétence attribuée à la Cour des comptes par l'article L. 111-8-3 du présent code, les chambres régionales et territoriales des comptes peuvent exercer un contrôle sur les personnes morales de droit privé à caractère sanitaire, social ou médico-social mentionnées à l'article L. 312-1 du Code de l'action sociale et des familles et à l'article L. 6111-1 du Code de la santé publique et financées par une collectivité

d'argent public, montre que le législateur sait faire preuve d'audace. Dans l'attente d'une possible modification des prémisses du régime de responsabilité personnelle et pécuniaire des comptables publics, qui ne devrait pas voir le jour à court ou moyen terme, il revient au juge des comptes de faire vivre le droit positif[100], malgré ses insuffisances, d'œuvrer, autant que faire se peut, à son amélioration et d'« imaginer Sisyphe heureux »[101].

---

territoriale, un établissement public ou un groupement d'intérêt public relevant lui-même de la compétence de la chambre régionale des comptes ou par l'un des organismes mentionnés à l'article L. 134-1 du présent code. »

100. À cet égard, l'évolution 2014-2015 de l'activité juridictionnelle au niveau national est encourageante : le nombre de débets notifiés est passé de 427 à 501 (+ 17 %), le nombre de mises à charges de sommes non rémissibles est passé de 137 à 192 (+ 40 %) et le nombre de réquisitoires notifiés est passé de 355 à 419 (+ 18 %).

101. A. Camus, *Le Mythe de Sisyphe*, Paris, 1942, ISBN : 2-07-032288-2.

Annexe

Activité juridictionnelle des chambres régionales et territoriales des comptes

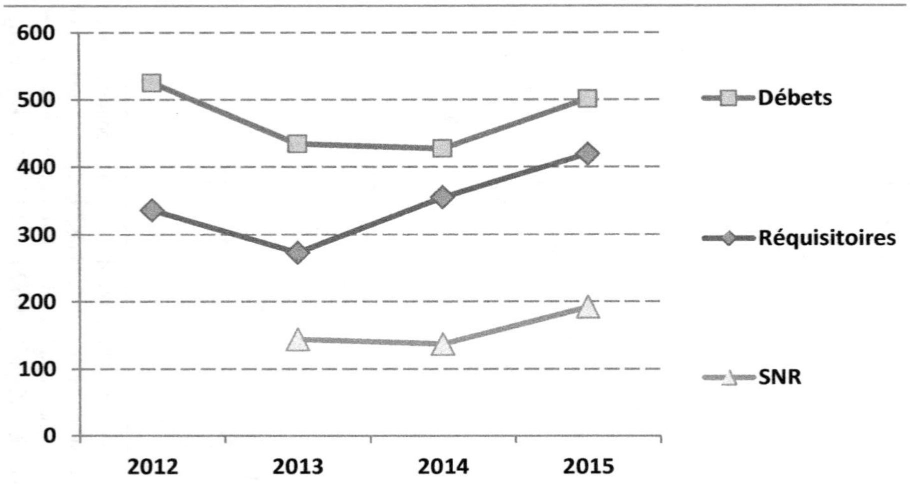

Deuxième partie

LE JUGE ADMINISTRATIF ET L'ACTION DES COLLECTIVITÉS TERRITORIALES

LE JUGE ADMINISTRATIF
ET LE CONTENTIEUX DES SDCI

Aurore GRANERO
Maître de conférences de droit public
Université de Bourgogne-Franche-Comté, Laboratoire CREDESPO

Par choix ou par obligation légale, la quasi-totalité des communes françaises[1] est aujourd'hui membre d'un des 2062 groupements à fiscalité propre qui les englobent et recouvrent l'ensemble du territoire. Initiée dès la fin du XIXe siècle[2], la coopération intercommunale n'a cessé de se développer pour atteindre un premier palier contraignant avec la loi du 12 juillet 1999 relative au renforcement et à la simplification de la coopération intercommunale. Avec cette loi, le législateur pose le principe de continuité territoriale qui entre en contradiction avec le principe constitutionnel de libre administration des collectivités territoriales. Cette évolution de l'organisation territoriale a été accélérée par l'adoption de la loi du 16 décembre 2010 de réforme

1. Ces établissements publics de coopération intercommunale regroupent 35858 communes et 67027395 habitants. Au 1er janvier 2016, seules 27 communes restaient encore isolées regroupant 232101 habitants.

2. Article unique de la loi du 22 mars 1890 sur les syndicats de communes, devenu l'article 169 de la loi municipale du 5 avril 1884, *JO* du 6 avril 1884, p. 1861.

des collectivités territoriales (RCT) qui fait entrer la coopération intercommunale dans une nouvelle ère, celle de la marche forcée des communes vers le regroupement.

Afin de lutter efficacement contre l'émiettement communal et rationaliser l'organisation territoriale, le législateur de 2010 s'écarte de la définition de la coopération intercommunale qui faisait jusqu'alors reposer l'intercommunalité sur la libre volonté des communes d'élaborer des projets communs de développement au sein de périmètre de solidarité. La loi de réforme des collectivités territoriales impose en effet à toutes les communes de rejoindre un EPCI, empêchant ainsi leur isolement tout comme elle confère aux préfets des pouvoirs exceptionnels pour forcer à la transformation, l'extension ou encore la fusion d'EPCI[3]. La montée en puissance de l'intercommunalité a également été portée par la refonte des schémas départementaux de coopération intercommunale (SDCI) qui permettent à l'État, par l'intermédiaire du préfet, de conduire le regroupement intercommunal.

Documents de planification, les schémas départementaux de coopération intercommunale ont été créés par la loi relative à l'administration territoriale de la République (ATR) du 6 février 1992 qui avait prévu une procédure reposant fondamentalement sur la liberté des communes et la concertation entre elles. Ces schémas départementaux de la coopération locale n'envisageaient alors aucun regroupement d'autorité par la planification. Le SDCI de la loi du 16 décembre 2010 emprunte un autre chemin avec un cadre juridique beaucoup plus contraignant.

3. Le législateur de 2010 a prévu la possibilité pour les préfets de « passer outre » l'accord des communes en leur imposant de faire partie d'un établissement public de coopération intercommunale, notamment lorsqu'elles souhaitent appartenir à un autre établissement. Le Conseil constitutionnel a validé ce dispositif dans trois décisions : décisions n° 2013-315 QPC, *Commune de Couvrot*; n° 2013-303 QPC, *Commune de Puyravault*; et 2013-304 QPC, *Commune de Maing*, du 24 avril 2013, *JO* du 28 avril 2013, p. 7398.

Selon l'article L. 5210-1-1 I du CGCT :

> « Dans chaque département, il est établi, au vu d'une évaluation de la cohérence des périmètres et d'un état des lieux de la répartition des compétences des groupements existants et de leur exercice, un schéma départemental de coopération intercommunale prévoyant une couverture intégrale du territoire par des établissements publics de coopération intercommunale à fiscalité propre et la suppression des enclaves et discontinuités territoriales. »

Ce schéma prévoit la création, la transformation, mais aussi la fusion d'établissements publics de coopération intercommunale, ainsi que la modification éventuelle de leurs périmètres. Le SDCI n'est pas qu'un simple outil de planification, il prescrit certains impératifs que les préfets qui sont chargés d'élaborer les schémas sont tenus de respecter.

En outre, les schémas contiennent également ce que le code appelle des orientations c'est-à-dire que chaque SDCI doit être adopté en suivant d'autres modalités de rationalisation qui sont au nombre de huit depuis la loi NOTRe[4].

4. « 1° La constitution d'établissements publics de coopération intercommunale à fiscalité propre regroupant au moins 15000 habitants ; toutefois, ce seuil est adapté, sans pouvoir être inférieur à 5 000 habitants pour les établissements publics de coopération intercommunale à fiscalité propre ainsi que pour les projets d'établissement public de coopération intercommunale à fiscalité propre ; 2° "La cohérence spatiale" des établissements publics de coopération intercommunale à fiscalité propre au regard notamment du périmètre des unités urbaines au sens de l'Institut national de la statistique et des études économiques, des bassins de vie et des schémas de cohérence territoriale ; 3° L'accroissement de la solidarité financière "et de la solidarité territoriale" ; 4° La réduction du nombre de syndicats de communes et de syndicats mixtes, en particulier par la suppression des doubles emplois entre des établissements publics de coopération intercommunale ou entre ceux-ci et des syndicats mixtes ; 5° Le transfert des compétences exercées par les syndicats de communes ou les syndicats mixtes à un établissement public de coopération intercommunale à fiscalité propre "ou à un autre syndicat exerçant les mêmes compétences conformément aux objectifs de rationalisation des périmètres des groupements existants et de renforcement de la solidarité territoriale" ; 6° La

À titre d'illustration, cette dernière prévoit que la constitution ou le maintien des EPCI dépend d'un seuil d'habitants fixé à 15 000 (au lieu de 5 000 habitants en 2010). La loi précise que ce seuil peut être adapté en fonction de la densité démographique du département (au regard de la densité nationale), de l'intégration des communes dans une zone de montagne ou de la création récente de l'EPCI à la suite d'une fusion survenue après le 1er janvier 2012. Il est également possible de citer la nécessité de créer un EPCI en prenant en compte l'objectif de réduction des syndicats, l'accroissement de la solidarité financière entre les communes ou encore le respect de la cohérence spatiale des regroupements intercommunaux au regard des bassins de vie.

Il est donc clair que le législateur a souhaité se servir de ce document comme un moyen d'objectiver les territoires intercommunaux pour les rendre plus en adéquation avec les périmètres fonctionnels[5]. Mais ce faisant, ce schéma va conduire à modifier les frontières des intercommunalités avec ou parfois sans l'accord des communes concernées. Il convient en effet de rappeler que la procédure de création ou de fusion d'EPCI à fiscalité propre obéit à un cadre strict.

Le schéma doit être élaboré ou révisé par le préfet qui doit ensuite le présenter à la commission départementale de coopération intercommunale (CDCI) de chaque département. Le SDCI est ensuite transmis aux communes et aux EPCI concernés qui disposent d'un délai de deux mois pour se prononcer. Une nouvelle consultation de la CDCI doit avoir lieu. Celle-ci dispose d'un délai de trois mois

---

rationalisation des structures compétentes en matière d'aménagement de l'espace, de protection de l'environnement et de respect des principes du développement durable ; 7° L'approfondissement de la coopération au sein des périmètres des pôles métropolitains et des pôles d'équilibre territoriaux et ruraux constitués en application des articles L. 5741-1 et L. 5741-4 ; 8° Les délibérations portant création de communes nouvelles. »

5. F. BENCHENDIKH, *Droit de la coopération intercommunale*, Le Moniteur, 2013, p. 193.

pour se prononcer et apporter d'éventuelles modifications au projet de schéma arrêté par le préfet. Si ces amendements sont adoptés à la majorité des deux tiers des membres de la commission, le préfet est tenu de les intégrer au schéma. Le préfet arrête alors le SDCI et peut ensuite procéder à sa mise en œuvre notamment en publiant un arrêté de périmètre qui doit recueillir l'accord de la moitié au moins des conseils municipaux ou organes délibérants des établissements concernés, représentant au moins la moitié de la population totale intéressée.

Par conséquent, une voire plusieurs communes peuvent, contre leur gré, être rattachées à un EPCI, heurtant par là même leur libre administration dans la mesure où la création d'un EPCI entraîne de nombreux transferts de compétences et de services.

Insatisfaites des propositions faites par l'autorité préfectorale, les communes peuvent d'abord, par la voie politique, manifester leur opposition dans la mesure où l'adoption du SDCI passe par une première phase de concertation entre les élus locaux, le préfet et la commission départementale de coopération intercommunale. Mais devant des désaccords persistants, les communes ont été tentées de faire appel au juge pour servir leur cause et notamment afin de faire prévaloir leur libre administration et leur pouvoir décisionnel. Or, le SDCI apparaît comme étant le cadre de référence de l'évolution de la carte intercommunale sur lequel se base le préfet. Il était donc naturel que les communes portent leurs griefs à l'encontre des SDCI.

Force est pourtant de reconnaître que le contentieux des SDCI n'apparaît pas, dans un premier temps, comme favorable aux communes puisque le juge administratif qualifie les schémas d'actes préparatoires (I). Toutefois, la jurisprudence a rebondi par la voie de l'exception en permettant aux différents acteurs de l'intercommunalité de contester indirectement les SDCI en attaquant les décisions préfectorales prises sur la base de ces documents prospectifs (II).

I. Le schéma départemental de coopération intercommunale, un acte hybride à l'effet contentieux toujours limité

Soucieuses de préserver leur libre administration, certaines communes récalcitrantes à intégrer un regroupement intercommunal ont d'abord contesté directement le SDCI. Leur valeur juridique a donné lieu à un important contentieux (A) unifié par la juridiction suprême de l'ordre administratif qui reconnaît aux SDCI une portée contentieuse limitée (B).

A. La question peu débattue de l'effet contentieux des SDCI

Les juges de l'urgence ont été les premiers à se prononcer sur la question des SDCI. Certaines communes ont en effet sollicité le juge des référés afin de retarder, voire de bloquer la mise en œuvre des SDCI.

Dans l'attente d'une décision sur le fond et pour contourner l'effet non suspensif du recours pour excès de pouvoir, le dépôt d'une requête en référé semblait approprié pour les communes, mais nécessite, outre de présenter des moyens de nature à créer un doute sérieux quant à la légalité de la décision, de démontrer l'urgence de la situation.

Dans son arrêt *Commune de Feuillet*[6], le juge a admis là que la libre administration des communes constituait une liberté fondamentale susceptible de bénéficier de la procédure de l'article L. 521-2 du CJA. Pourtant, il a considéré que la contestation des SDCI par le biais du référé suspension était irrecevable dans la mesure où la condition tenant à l'urgence n'était pas remplie. Dans une première ordonnance du 14 mars 2012, *Commune de Manicamp et autres*, le juge affirme

> qu'« alors même que le schéma départemental de coopération intercommunale établi par le préfet de l'Aisne prévoit le rattachement des communes requérantes à la communauté de communes

6. CE 12 juin 2002, *Commune de Feuillet*, n° 246618.

du Val de l'Ailette, il n'est pas établi que l'exécution de l'arrêté attaqué préjudicierait à leur situation, à l'intérêt général ou aux intérêts qu'elles entendent défendre de façon suffisamment grave et immédiate pour que la condition d'urgence posée par l'article L. 521-1 du Code de justice administrative soit réputée remplie »[7].

Dans une autre ordonnance en référé suspension, le juge prend soin de souligner « la nécessaire rationalisation des investissements, la mutualisation des projets communs et la volonté du législateur de veiller aux équilibres et à la simplification de l'organisation territoriale » pour affirmer, de manière quelque peu surprenante, que la suspension de l'arrêté préfectoral portant SDCI « préjudicierait de façon grave aux intérêts dont le préfet a la charge »[8].

Le juge s'est prononcé pour la première fois, par un jugement au fond, sur la recevabilité des SDCI en juin 2012[9]. La communauté de communes des Vallons du Guiers, la commune de Tignieu-Jameyzieu en Isère, et enfin, la commune de Saint-Martin-de-Belleville en Savoie ont saisi le juge administratif afin d'annuler deux arrêtés du 22 décembre 2011 respectivement pris par les préfets de l'Isère et de la Savoie portant schéma de coopération intercommunale. Opposées soit à leur rattachement à certains EPCI soit à leur fusion au sein de nouvelles entités intercommunales, ces communes ne vont pas obtenir satisfaction du juge. Ce dernier ne va pas se prononcer sur leurs arguments de fond, mais bien plutôt estimer que leurs conclusions ne sont pas recevables. En effet, pour le juge comme pour le rapporteur public, l'adoption du schéma départemental

7. TA Amiens, 14 mars 2012, *Commune de Manicamp et autres*, req. n° 1200491. Voir également TA Nancy, 22 mars 2012, *Communauté de communes du Val de Meurthe*, req. n° 1200557 ; TA Nice, *SIVOM de Villefranche-sur-Mer*, req. n° 1200699.

8. TA Basse Terre, 15 février 2013, *AJDA* 2013, note F. Deshayes, p. 1464.

9. TA Grenoble, 21 juin 2012, *Commune de Saint-Martin-de-Belleville, Commune de Tignieu-Jameysieu, Communauté de communes Les Vallons du Guiers*, *JCP A* 27 août 2012, n° 2269, concl. H. Hachbi.

de coopération intercommunale n'a en elle-même aucun effet sur l'existence ou le périmètre des établissements publics de coopération intercommunale, et donc sur l'appartenance des communes à ces établissements. Le SDCI ne peut donc faire l'objet d'un recours pour excès de pouvoir. La question qui se pose est alors de savoir pourquoi le juge considère le SDCI comme étant un acte préparatoire qui ne fait pas grief[10].

Il ressort de la jurisprudence des juges du fond que si le schéma dispose d'un caractère normatif, sa nature juridique est limitée. Le juge considère plus le SDCI comme un élément de la procédure d'élaboration d'une autre décision qui doit intervenir. Ainsi dans la décision du tribunal administratif de Nice, *SIVOM de Villefranche-sur-Mer* du 15 mars 2012, le juge estime que la procédure conduisant à la dissolution d'un syndicat de communes à l'initiative du préfet comporte plusieurs étapes qui font suite à l'établissement du schéma départemental de coopération intercommunale prévu à l'article L. 5210-1-1 du Code général des collectivités territoriales. Selon le juge,

> « les dispositions législatives précitées prévoient ainsi que, postérieurement à la publication dudit schéma, il appartient au préfet de notifier aux autorités concernées son intention de dissoudre le syndicat dont s'agit puis de recueillir l'avis de leurs organes délibérants sur la dissolution envisagée ; qu'à défaut d'accord exprimé dans les conditions susvisées, il appartient encore à l'autorité compétente d'apprécier l'opportunité de dissoudre le syndicat et, le cas échéant, de saisir pour avis la commission départementale de coopération intercommunale ; que ce n'est qu'à l'issue de cette procédure de consultation que le préfet prononce, par décision motivée susceptible de recours, la dissolution »[11].

10. CE 27 avril 1998, nº 139155.
11. TA de Nice, *SIVOM de Villefranche-sur-Mer,* du 15 mars 2012.

Ainsi, le tribunal démontre que le SDCI n'est qu'un préalable à la décision finale, celle de la dissolution d'un syndicat, et qu'il existe entre le SDCI et cette dissolution, toute une chaîne de décisions, d'avis, d'accords à obtenir.

Mais surtout, le juge rappelle que le législateur a prévu la possibilité pour les préfets de s'écarter des propositions contenues dans le SDCI et de proposer un périmètre ou un regroupement différent de celui contenu dans le schéma ; le préfet dispose, en vue de la rationalisation de l'intercommunalité, d'un pouvoir exceptionnellement discrétionnaire pour réviser, s'écarter du schéma[12]. Ce large pouvoir d'appréciation reconnu au préfet lui permet depuis longtemps d'intégrer de façon autoritaire une commune au sein d'une coopération contre son gré, et ce, sous le seul contrôle restreint du juge administratif[13].

C'est donc au regard de ces deux principales raisons que la jurisprudence considère le SDCI comme un simple document de programmation qui n'a pas d'autre but que celui d'orienter le préfet sur la future organisation intercommunale de son département. Restait alors au Conseil d'État à se prononcer sur la question de la valeur contraignante des SDCI.

B. La confirmation par le Conseil d'État et les jurisprudences ultérieures

Dans deux décisions du 21 septembre 2012, *Commune de Poligny* et *Commune de Couvrot*[14], le Conseil d'État se prononçait, non en tant que juge du fond, mais saisi d'une question prioritaire de

12. N. DANTONEL-COR, « Rationalisation de la coopération intercommunale et contentieux des SDCI », *Revue Lamy Collectivités territoriales*, n° 102, juin 2014.

13. CE 2 oct. 1996, *Communes de Bourg-Charente, de Mainxe et de Gondeville*, req. n° 161696, *Lebon* 361 ; *AJDA* 1996.1022, concl. L. Touvet ; *RFDA* 1997.1209, note C. Cammarata et P. Gaïa.

14. CE 21 septembre 2012, *Commune de Poligny*, n° 360984 et CE 21 septembre 2012, *Commune de Couvrot*, n° 361632, *AJDA* 2013, p. 553.

constitutionnalité (QPC) à l'égard de l'article L. 5210-1-1du CGCT qui définit les SDCI[15]. Rejetant la QPC, il met fin aux doutes qui auraient pu subsister en jugeant que le SDCI n'implique pas par lui-même création, modification ou dissolution d'établissements intercommunaux ni même la définition ultérieure des compétences obligatoirement transférées par les communes à ces établissements.

Plusieurs arrêts de cours administratives d'appel reprennent à l'identique les termes de la juridiction suprême et confirment à nouveau que le SDCI n'a aucun effet prescriptif qui soit directement et immédiatement opposable aux communes et aux groupements intercommunaux.

Dans son arrêt du 30 septembre 2014, la cour administrative d'appel de Nancy réitère l'absence de portée normative du schéma et estime qu'il n'impose aucune « organisation prévisionnelle cartographiée de l'intercommunalité »[16]. La même cour administrative, dans son arrêt du 2 avril 2015[17], précise que le SDCI ne modifie pas l'ordonnancement juridique et qu'il ne constitue qu'un document de programmation issu de la concertation locale censé orienter les décisions du représentant de l'État en matière d'organisation intercommunale. Elle précise que l'arrêté adoptant le schéma ne constitue pas un acte susceptible de faire l'objet d'un recours pour excès de pouvoir. Et le juge ajoute que la circonstance que « les préfets, dans certains départements n'incluant pas la Marne, aient indiqué, à tort, que le schéma départemental pouvait faire l'objet d'un recours pour excès de pouvoir ne saurait rendre recevable la requête dirigée contre un tel acte ».

---

15. Plus précisément, la commune de Couvrot contestait également les dispositions de l'article L. 5211-42 CGCT relatives à la commission départementale de coopération intercommunale qui avait proposé le rattachement de la commune requérante, contre sa volonté, dans le schéma à un EPCI existant.

16. CAA Nancy, 30 septembre 2014, n° 13NT00253.

17. CAA Nancy, 2 avril 2015, n° 14NC01074.

C'est le même raisonnement qui est tenu par la cour administrative d'appel de Marseille qui rappelle que

> « le schéma départemental de coopération intercommunale constitue un document d'orientation et de programmation de l'organisation intercommunale dans le département, visant, au terme d'une large concertation entre le représentant de l'État et les élus locaux »[18].

Il doit toutefois être fait mention de l'arrêt de la cour administrative d'appel de Bordeaux du 2 mars 2015 qui a implicitement reconnu comme opérant l'exception d'illégalité du SCDI soulevée par la requérante afin d'annuler un arrêté préfectoral d'extension d'un périmètre d'un EPCI[19]. En outre, le SDCI a été utilisé à de nombreuses reprises comme un argument pour contester les arrêtés portant délimitation des cantons. À titre d'illustration, le Conseil d'État a jugé que si le territoire de chaque canton doit être établi sur des bases essentiellement démographiques,

> « aucun autre texte non plus qu'aucun principe n'imposent au Premier ministre de prévoir que les limites des cantons, qui sont des circonscriptions électorales, coïncident avec les limites des circonscriptions législatives et des circonscriptions judiciaires, les périmètres des établissements publics de coopération intercommunale figurant dans le schéma départemental de coopération intercommunale »[20].

Les communes ou les groupements intercommunaux n'ont donc pas devant le juge administratif la possibilité de contester les SDCI. Doit-on pour autant en conclure qu'il n'existe aucune autre voie contentieuse ? Si dans les arrêts de 2012, *Commune de Poligny* et *Commune de Couvrot*, le Conseil d'État rejette le renvoi des QPC, il n'exclut pas toute possibilité de contentieux à propos du SDCI. Les

18. CAA Marseille, 5 octobre 2015, 14MA02347.

19. CAA Bordeaux, 2 mars 2015, *Commune de Baie-Mahault*, n° 13BX02338. Voir également TA Melun.

20. CE 30 décembre 2014, *Communauté de communes du Plateau-Vert*, n° 382751.

conclusions du rapporteur public et les deux arrêts précisent en effet que si les dispositions du SDCI ne modifient pas par eux-mêmes la situation juridique des communes et des groupements, elles ne demeurent pas moins susceptibles de la modifier indirectement par l'effet des décisions préfectorales qui procéderont d'elles[21].

II. Le schéma, socle des décisions préfectorales susceptibles de recours

Il ressort de la jurisprudence précédente que le SDCI constitue la base légale de plusieurs décisions comme la création ou la fusion d'EPCI à fiscalité propre ou encore la suppression de syndicats de communes. Le contentieux des SDCI peut donc se nouer par la voie de l'exception, c'est-à-dire contre les arrêtés préfectoraux qui mettent en œuvre ou qui s'écartent des dispositions contenues dans les SDCI. Les communes ou les groupements intercommunaux ont la possibilité de contester le fond des décisions préfectorales prises sur la base des schémas tout comme elles peuvent contester la procédure de mise en œuvre des SDCI (B).

A. La contestation du périmètre pertinent

Pour contester l'arrêté de création ou de fusion d'EPCI, les communes vont pouvoir démontrer que le préfet a commis des erreurs dans son appréciation de la situation de l'intercommunalité. Plus concrètement, les communes sont amenées à contester ce qu'il est convenu d'appeler le périmètre pertinent.

Cette notion de « territoire pertinent » n'est pas définie par le législateur. À titre d'illustration, le code précise simplement, pour la communauté de communes, qu'il s'agit d'un EPCI d'un seul tenant et sans enclave et qu'il a pour objet d'associer des communes au sein d'un espace de solidarité, en vue de l'élaboration d'un projet

---

21. B. Faure, « Le schéma départemental de coopération intercommunale a-t-il une valeur contraignante ? », *AJDA* 2013, p. 244.

commun de développement et d'aménagement de l'espace[22]. Il est donc nécessaire de se référer aux réponses ministérielles pour préciser cette notion de territoire pertinent. Dans une première réponse de 1999, le territoire économique pertinent est défini comme celui qui inclut « l'ensemble des espaces constituant un enjeu pour un développement maîtrisé des territoires en cause, tant au plan de l'aménagement de l'espace que du développement économique ou de la gestion des services publics »[23]. Plus tard, le territoire pertinent sera défini comme « celui qui permet de répondre aux exigences de cohérence spatiale, économique, de solidarité financière et sociale » auxquelles les groupements intercommunaux ont pour mission de répondre. Cette réponse précise que le périmètre pertinent

> « inclura ainsi l'ensemble des espaces constituant des enjeux pour le développement maîtrisé de l'agglomération et de sa zone d'attraction, au plan de l'aménagement de l'espace, du développement économique, de l'équilibre social de l'habitat et de cohésion sociale. En tout état de cause, la pertinence du périmètre sera appréciée non au regard de ses conséquences pour chaque commune ou ses habitants, mais au regard de l'objectif prévu par la loi de mise en œuvre au sein d'un espace de solidarité d'un projet commun de développement et d'aménagement »[24].

Au regard de ces définitions, il est donc possible d'attaquer, d'une part, la cohérence du territoire d'un EPCI en se fondant par exemple sur le fait que le périmètre de l'EPCI ne correspond pas à un bassin de vie, ce qui constitue une des orientations prévues par le SDCI (2) et d'autre part, il est possible de se fonder sur le principe de continuité territoriale qui oblige tous les EPCI à former un territoire d'un seul tenant et sans enclave selon une des prescriptions des SDCI (1).

---

22. Art. L.5214-1 du CGCT.
23. Rép. min. nº 29535, *JOAN*, Q 30 août 1999, p. 5177.
24. Rép. min. nº 34153, *JOAN* Q, 13 juill. 2004, p. 5351.

1. Le respect du principe de continuité : un territoire d'un seul tenant et sans enclave

En premier lieu, le Conseil d'État a jugé qu'une commune avait un intérêt à agir contre l'arrêté préfectoral conduisant à l'enclaver au sein d'une communauté[25].

En second lieu, il ressort de la jurisprudence administrative que le juge exerce sur ce principe de continuité territoriale un contrôle normal. Ainsi, a-t-il été jugé, dans l'arrêt *Communauté de communes du Val de Drôme*[26], qu'un élément naturel séparant deux communes ne constituait pas une discontinuité territoriale. Dans l'espèce, trois communes avaient pris l'initiative de proposer au préfet (en l'espèce, aux préfets, la communauté devant être à cheval sur deux départements), la création d'une communauté, en application de l'article L. 5211-5-I du Code général des collectivités territoriales. Mais le Rhône sépare deux de ces communes et coupe la troisième en deux. L'arrêt écarte le moyen en affirmant que la coupure que constitue un fleuve ne peut pas être regardée comme méconnaissant ce principe. Selon le rapporteur public, le principe de continuité territoriale renvoie à une conception administrative, et non géographique de la continuité : « Il faut et il suffit que les limites administratives se jouxtent pour qu'il y ait continuité, même si sur ces limites un fleuve, un massif ou un quelconque chaos tellurique forme une infranchissable barrière[27]. » Sur cette base, plusieurs arrêts ont été rendus concernant des ruptures géographiques[28].

---

25. CE 11 décembre 2000, *Communauté de communes du Pays d'Issoudun*, *RFDA* 2001, p. 247.

26. CE 3 oct. 2003, *Communauté de communes du Val-de-Drôme* ; n° 2003-066011 ; *JCP A* 2003, 2033, note J. Moreau ; *BJCL* 2003, n° 11, p. 841, concl. F. Séners ; *AJDA* 2004, p. 879, note T. Tuot.

27. *Idem*.

28. CAA Douai, 22 juin 2004, n° 01DA00616, *Commune d'Acquigny c/ Communauté d'agglomération Seine-Eure* ; CAA Nancy, 1er juin 2006, n° 05N00621 ; CAA Marseille, 2 avril 2007, n° 05MA01902.

Le juge administratif a même considéré, dans l'arrêt *Gouriet,* de 2009[29], que des aménagements urbains tels que des liaisons routières ou des voies ferrées ne rompaient pas le principe de continuité territoriale. Si on ne note pas d'évolution contentieuse significative sur ce point[30], le juge semble faire évoluer son contrôle relativement à la notion de cohérence du territoire d'un EPCI.

2. L'évolution du contrôle du juge sur la notion de cohérence

Selon la jurisprudence du Conseil d'État de 1996, *Commune de Bourg en Charente*, le juge n'exerce sur cette notion de cohérence qu'un contrôle restreint. Or, avec les nouvelles orientations posées par les SDCI, il est légitime de se demander si le contrôle du juge va évoluer d'un contrôle restreint de l'erreur manifeste d'appréciation vers un contrôle plus approfondi. Plusieurs arrêts de 2015 démontrent que le juge va apprécier, parfois de manière très concrète, cette notion de périmètre pertinent au regard des orientations des SDCI.

Dans un arrêt du 2 février 2015, *Communauté de communes du Haut-Arros*[31], les élus avaient invoqué, à l'encontre d'un projet de fusion deux moyens. Ils dénonçaient la cohérence du périmètre envisagé et soutenaient qu'ils n'avaient pas été suffisamment informés des conséquences budgétaires et financières de la future fusion. Le préfet arguait au contraire que ce projet était pertinent dans la mesure où la fusion permettait de passer d'une communauté de 300 habitants à une autre beaucoup plus importante démographiquement facilitant ainsi la création de véritables bassins de vie autour d'équipements

29. CAA Versailles, 15 juill. 2009, n° 07VE01206, *Martine Gouriet*, *AJDA* 2009, p. 1946, note M. Verpeaux; *JCP A* 2010, 2201, § 5.

30. L'article 33, I, 2° de la loi NOTRe a ajouté une exception au principe d'un territoire d'un seul tenant et sans enclave. Selon le nouvel article L. 5210-1-1, II, al. 2 : La création de nouveaux établissements publics de coopération intercommunale à fiscalité propre ne peut pas être prévue à l'intérieur du territoire d'un établissement public de coopération intercommunale à fiscalité propre existant.

31. CAA Bordeaux, 2 février 2015, *Communauté de communes du Haut-Arros*, n° 14BX02056.

structurants. Si la Cour écarte les moyens et juge que le préfet n'a pas commis d'erreur manifeste d'appréciation pour son projet de fusion, elle répond à l'argument de fond avancé par les requérants, en d'autres termes la non-prise en compte de l'accroissement de la solidarité financière en soulignant « qu'un rapport financier exhaustif mettant en évidence une évolution mesurée de la fiscalité sur le territoire concerné a été transmis aux communes concernées par ce projet de fusion »[32].

De nombreuses communes à fort potentiel fiscal et craignant une dégradation de leur situation financière en raison d'un projet de fusion ont été amenées à contester les décisions préfectorales de fusion d'EPCI. Mais le juge va lui utiliser l'orientation du SDCI s'attachant à l'accroissement de la solidarité financière. À titre d'illustration, le juge, dans l'arrêt de la cour administrative d'appel de Nancy du 18 décembre 2014, a précisé que

> « les deux communautés de communes et leurs communes membres affichent des écarts de richesse importants découlant en partie de l'impact, plus ou moins fort selon les collectivités, de la fin de l'activité sidérurgique, le potentiel fiscal par habitant de la communauté de communes de Maizières-lès-Metz s'avérant ainsi de l'ordre de quatre à cinq fois plus élevé que celui de la communauté de communes du Sillon Mosellanentre »[33].

Il estime finalement que la fusion permettra précisément cet accroissement de la solidarité financière au sein du nouvel établissement.

Dans l'arrêt de la cour administrative d'appel de Marseille d'octobre 2015, le juge analyse la cohérence du périmètre et la notion de bassin de vie en s'appuyant, dans l'espèce, sur le critère de la fréquentation des écoles primaires et secondaires par les habitants

32. *Ibid.*

33. CAA Nancy, 18 décembre 2014, *Commune de Trémery et autres*, 14NC00399.

des communes récalcitrantes[34]. En outre, les communes récalcitrantes faisaient valoir que leur communauté obéissait à un régime de fiscalité additionnelle alors que la communauté de communes avec laquelle elles devaient fusionner appliquait une fiscalité professionnelle unique. Le juge estime que cette circonstance n'a pas pour effet de grever leurs finances tout comme elle n'est pas de nature à peser lourdement sur leurs contribuables.

Enfin, dans l'arrêt de la cour administrative de Bordeaux du 2 mars 2015, le juge utilise une autre orientation du SDCI selon laquelle « le territoire d'un groupement intercommunal doit être fixé en tenant compte du périmètre des unités urbaines au sens de l'INSEE, des bassins de vie et des schémas de cohérence territoriale ». Dans cet arrêt, le juge précise la notion de bassin de vie et utilise de nombreux critères pour vérifier que l'EPCI créé correspond effectivement à un bassin de vie. Aussi, souligne-t-il

> « que le bassin de vie, tel que défini par l'INSEE à la date de l'arrêté contesté, est le plus petit territoire sur lequel les habitants ont accès aux équipements et services les plus courants; que le bassin de vie 2012 de Pointe-à-Pitre - Les Abymes, tel que délimité par l'INSEE, comprend la commune de Baie-Mahault; qu'en effet, les communes des Abymes, de Baie-Mahault et de Pointe-à-Pitre constituent le principal espace économique homogène de la Guadeloupe avec un ensemble de communes totalisant

34. Les communes requérantes souhaitaient intégrer une autre communauté de communes que celle que le préfet avait envisagée. Ce dernier voulant intégrer les communes à la communauté de communes de Fium'Orbo Casrellu alors que les communes souhaitaient intégrer la communauté de communes de la Côte des Nacres. Le juge précise alors sur le fondement du critère de fréquentation scolaire que « si 15 % des élèves inscrits dans les écoles maternelles et primaires de Ventiseri provenaient des communes membres de la communauté de communes de la Côte des Nacres et de Chisa, alors que seulement 2,7 % de ces élèves venaient des communes membres de la communauté de communes de Fium'Orbu Castellu, 90 % des élèves issus des écoles de Ventiseri étaient scolarisés dans le collège et le lycée de Prunelli-di-Fiumorbo », CAA Marseille, 5 octobre 2015, *Commune de Ventiseri et Chisa*, 14MA02347.

> chacune une implantation de près de 17 000 emplois ; que les études ont démontré la cohérence et la pertinence du périmètre de cette communauté d'agglomération ; que les communes de Baie-Mahault, des Abymes et de Pointe-à-Pitre sont situées au centre des déplacements domicile-travail quotidiens de la population guadeloupéenne et portent sur leurs territoires les infrastructures et équipements principaux de la Guadeloupe tels que le port, l'aéroport, l'université Antilles-Guyane, les centres culturels et commerciaux ».

Le juge ajoute que « 64 % des déplacements sont des déplacements internes aux trois communes » ou encore « que le projet de tramway fait partie intégrante du PDU intéressant les communes des Abymes, de Baie-Mahault et de Pointe-à-Pitre ». Il conclut en jugeant que la commune de Baie-Mahault, récalcitrante à intégrer le groupement, fait partie intégrante du bassin de vie et d'emploi de la communauté d'agglomération envisagée.

Il convient, en dernier lieu, de souligner que ces jurisprudences sont antérieures à l'application de la loi NOTRe qui fixe aux SDCI de nouvelles orientations dont celle de constituer un territoire d'un seul tenant et sans enclave d'un seuil minimal de 15 000 habitants. La taille de ces nouvelles intercommunalités, et notamment des communautés de commune taille XXL[35], pourrait conduire le juge à apprécier différemment les décisions préfectorales créant ou fusionnant des EPCI au regard du principe de continuité, mais surtout de cohérence du territoire du groupement. Nonobstant, les communes ou groupements intercommunaux ont utilisé une autre voie contentieuse, celle de la méconnaissance du principe de libre administration des collectivités territoriales résultant de la procédure de mise en œuvre des SDCI.

---

35. M.-C. STECKEL-ASSOUÈRE, « Intercos XXL », *Courrier des maires*, janvier 2016, n° 297, p. 22.

B. La contestation de la procédure mise en œuvre des SDCI

Reste une question contentieuse à explorer qui est celle des pouvoirs dont le préfet dispose pour mettre en œuvre les SDCI, pouvoirs exceptionnellement discrétionnaires et qui affaiblissent l'autonomie communale (1). En outre, il apparaît dans de nombreux arrêts que les communes requérantes contestent la composition et les pouvoirs de la CDCI dans l'élaboration du SDCI (2).

1. La limitation de la marche forcée des communes vers l'intercommunalité

Dans une décision du 30 janvier 2013[36], le Conseil d'État a accepté de transmettre au Conseil constitutionnel une QPC portée par la commune de Puyravault contre les dispositions de la loi du 16 décembre 2010 et notamment en ce qu'elles permettent au représentant de l'État dans le département d'intégrer une commune dans un EPCI à fiscalité propre contre son avis, et malgré le fait qu'elle ait exprimé sa volonté de rejoindre un autre regroupement intercommunal. Pour la commune, ces dispositions portent atteinte au principe de libre administration des collectivités territoriales[37].

Si le juge constitutionnel admet l'atteinte à la libre administration dès lors que la mise en œuvre des schémas permet l'intégration d'une commune dans un EPCI contre sa volonté, il va valider le dispositif en se fondant sur deux arguments.

---

36. Cons. const., 26 avr. 2013, nº 2013-315 QPC, *AJDA* 2013.88 ; *ibid.* 1386, note J. Fialaire ; *AJCT* 2013.344, obs. G. Le Chatelier ; *Constitutions* 2013.397, chron. P. Lutton.

37. Le principe de libre administration des collectivités territoriales figure au nombre des droits et libertés garantis par la Constitution et dont la méconnaissance peut être sanctionnée par l'engagement d'une procédure de question prioritaire de constitutionnalité, QPC, 22 septembre 2010, *Commune de Besançon et autre*, nº 2010-29/37.

En premier lieu, il se base sur l'objectif des SDCI qui est de rationaliser la carte intercommunale pour admettre que le législateur a pu apporter des limitations à la libre administration des communes dans les buts d'intérêt général de renforcement et de « rationalisation de la carte de l'intercommunalité ». En second lieu, le juge constitutionnel prend acte du caractère temporaire des pouvoirs exceptionnels du préfet, prévus précisément pour répondre à l'objectif de rationalisation, et du fait que le maire de la commune opposée au rattachement puisse être entendu par la CDCI.

Cependant, le juge constitutionnel a apporté des garanties à la marche forcée des communes vers l'intercommunalité dans l'hypothèse du rattachement de communes enclavées ou isolées.

Dans le cadre restreint d'une commune enclavée ou isolée, le législateur avait prévu que le préfet puisse, sans l'accord de la commune et même contre un avis défavorable de la CDCI, intégrer de force une commune isolée ou enclavée. Il suffisait pour ce rattachement d'autorité que l'EPCI, auquel le rattachement de la commune était prévu, donne son accord. Dans sa décision *Commune de Thonon-les-Bains*, le Conseil constitutionnel juge que ce dispositif, qui exclut la CDCI et la commune forcée, porte à la libre administration des communes une atteinte manifestement disproportionnée[38]. Cette procédure a été reconduite par la loi NOTRe, mais réaménagée pour qu'elle soit en conformité avec la jurisprudence constitutionnelle[39].

---

38. Cons. const., 25 avr. 2014, nº 2014-391 QPC, *AJDA* 2014.887 ; *D.* 2014.933.

39. Selon l'article 45 de la loi NOTRe, dans l'hypothèse d'une commune isolée ou enclavée, le projet d'arrêté préfectoral devra être transmis, pour avis, à la commune concernée et à l'EPCI de rattachement envisagé, ainsi qu'à l'ensemble des communes de l'établissement. L'ensemble de ces institutions disposeront d'un délai de trois mois, à l'échéance duquel leur silence vaudra acceptation. La CDCI disposera alors d'un délai d'un mois pour se prononcer. Si cette dernière propose un autre projet de rattachement, à la majorité des deux tiers, le préfet est tenu de le mettre en œuvre. S'il n'y a pas de projet alternatif de la CDCI, le préfet pourra procéder à la mise en œuvre de son projet d'arrêté.

Au demeurant, il peut être constaté que le Conseil constitutionnel confère une certaine portée contentieuse aux SDCI en se fondant notamment sur la non-prise en compte du schéma pour déclarer inconstitutionnelle la procédure de rattachement forcé.

2. Les recours contre les avis donnés par la CDCI

Enfin, il peut être fait mention de recours dirigés contre d'autres acteurs dans la chaîne d'élaboration et de mise en œuvre des SDCI, et notamment le rôle joué par les CDCI.

La CDCI est un organe incontournable dans la procédure de mise en œuvre du SCDI et elle a vu ses pouvoirs renforcés par la loi du 29 février 2012 visant à assouplir les règles relatives à la refonte de la carte intercommunale, dite loi « Pelissard-Sueur ». Si elle est présidée par le préfet, cette commission est principalement composée d'élus locaux et détient un pouvoir décisionnel important, notamment pour amender le schéma. Or, les révisions adoptées par la CDCI à la majorité qualifiée doivent être prises en compte par le préfet.

Certaines communes, à l'instar de la commune de Couvrot, ont avancé l'argument selon lequel la CDCI exercerait une tutelle inconstitutionnelle sur les communes refusant tel ou tel projet de regroupement intercommunal. Il est vrai que le pouvoir de décision reconnu à cette commission est susceptible « de s'exercer à l'encontre de la liberté de décision propre à chaque collectivité membre »[40]. Cependant, le Conseil d'État a considéré

> qu'« en confiant à la commission départementale de la coopération intercommunale le pouvoir de modifier le projet de schéma départemental de coopération intercommunale, le législateur ne lui a pas donné le pouvoir de substituer ses décisions à celles des communes, de s'opposer aux décisions des communes ou de contrôler l'exercice de leurs compétences par les communes »[41].

---

40. B. FAURE, « Le schéma départemental de coopération intercommunale a-t-il une valeur contraignante ? », préc., p. 244.

41. CE 21 septembre 2012, *Commune de Couvrot*, précité.

D'autres collectivités ont contesté la composition de la CDCI. À la suite de la loi du 16 décembre 2010 et du décret n° 2011-122 du 28 janvier 2011 relatif à la composition et au fonctionnement de la commission départementale de la coopération intercommunale, cette commission est essentiellement composée d'élus municipaux et communautaires. La question peut alors se poser de la présence au sein de cette instance d'élus qui pourraient être intéressés, ou pas d'ailleurs, à un projet de fusion et qui peuvent lors de réunions influencer certains élus municipaux.

C'est ainsi que le tribunal administratif de Pau a annulé un arrêté de fusion aux motifs que le président de la communauté de communes des Baronnies, regardé comme intéressé par le projet de fusion de cette communauté de communes avec celle du Haut-Arros, était membre de la CDCI invitée à rendre un avis sur ce projet, et ce, en méconnaissance du principe d'impartialité[42]. Toutefois, la cour administrative d'appel infirme cette décision en jugeant

> « qu'eu égard à la nature et à l'objet de la procédure de consultation de la CDCI sur le schéma départemental de coopération intercommunale, la circonstance que certaines des collectivités ou certains groupements de communes dont ses membres sont élus soient directement concernés par le projet soumis à consultation ne fait pas obstacle à ce que ces membres participent à la délibération »[43].

Les communes ou les groupements intercommunaux ne sont donc pas en manque d'imagination pour contester, même de façon indirecte, les SDCI. D'autres arguments peuvent naître du SDCI version 2016 qui comme celui de 2010, porte atteinte, en pratique, à la liberté des collectivités dans le choix de leur mode d'organisation.

42. TA Pau, 13 mai 2014, n° 1300951.

43. CAA Bordeaux, 2 février 2015, *Communauté de communes du Haut-Arros*, 14BX02056.

LE JUGE ADMINISTRATIF ET LE FONCTIONNEMENT DES ASSEMBLÉES LOCALES

Bernard QUIRINY

Professeur de droit public
Université de Bourgogne-Franche-Comté

La violation des règles de fonctionnement des assemblées locales[1] est un moyen de légalité externe souvent employé par les requérants pour attaquer leurs délibérations.

Le juge prend naturellement ces règles au sérieux, car elles touchent à un principe essentiel, celui de la démocratie représentative locale. Celle-ci n'a de sens qu'à deux conditions. D'une part, les droits des élus dans les assemblées doivent être garantis, pour qu'ils puissent exercer pleinement leur mandat ; concrètement, cela signifie qu'ils doivent être convoqués en temps et heure, être suffisamment informés pour débattre en connaissance de cause, et pouvoir agir efficacement dans les débats par l'intervention, les propositions et les amendements. D'autre part, les assemblées doivent fonctionner de manière transparente, afin que les électeurs puissent exercer

1. Pour un panorama récent sur le rôle des assemblées délibérantes et leur place dans la démocratie locale, voir J.-F. BRISSON (dir.), *L'assemblée délibérante, avenir de la démocratie locale ?*, L'Harmattan, 2016.

sur elles un contrôle ; de là que leurs réunions soient en principe publiques[2], que le public sache où elles se tiennent[3] et qu'elles donnent lieu, pour les communes, à des comptes-rendus[4] exhaustifs[5] affichés dans la semaine et, pour les départements et régions, à des procès-verbaux complets[6] communiqués sur demande[7]. On peut noter à ce sujet que la transparence n'est pas seulement une implication nécessaire du contrôle politique de l'activité des élus par les électeurs, mais aussi un moyen de faciliter le contrôle de la légalité des délibérations par le juge : par exemple, l'exigence de précision des procès-verbaux des réunions permet à la fois aux

2. CGCT, art. L. 2121-18, L. 3121-11, L. 4132-10. La règle, née sous la IIe République, avait été supprimée sous le Second Empire avant d'être rétablie définitivement sous la IIIe République.

3. Pour le conseil municipal, le « principe suivant lequel le conseil municipal doit se réunir et délibérer à la mairie de la commune » a d'abord été posé par le juge (CE 1er juillet 1998, *Préfet de l'Isère*, n° 187491, *Lebon T.*, 768), avant d'être inclus à l'article L. 2121-7 en 2007 (loi n° 2007-1787 du 20 décembre 2007, art. 21). Le législateur admet que réunion se déroule hors de la mairie, mais il veille alors à ce que ce transport ne soit pas destiné à égarer le public en précisant que le lieu retenu doit « permettre d'assurer la publicité des séances » et que le choix soit fait « à titre définitif » ; il n'est donc pas possible d'imaginer un conseil itinérant dont le public ne saurait pas avec certitude où le trouver. Pour le conseil départemental et le conseil régional, les articles L. 3121-9 et L. 4132-8 disposent qu'ils se réunissent dans un lieu (du département ou de la région : on n'imagine pas de réunion déterritorialisée) « choisi par la commission permanente ».

4. CGCT, art. L. 2121-25.

5. Les extraits affichés doivent faire apparaître « la nature de l'ensemble des questions abordées au cours de la séance » (CE 7 juillet 2010, *Commune de Mailleroncourt Saint-Pancras*, *Lebon T.*, 627, n° 316668, *AJDA* 2010, p. 1400, obs. M.-C. de Montecler ; *JCP A* 2010, n° 2264, note J. Moreau ; *RLCT* 2010, n° 62, obs. E. Glaser).

6. Le procès-verbal « contient les rapports, les noms des membres qui ont pris part à la discussion et l'analyse de leurs opinions » (CGCT, art. L. 3121-13 et L. 4132-12).

7. CGCT, art. L. 3121-17 et L. 4132-16 : « Toute personne a le droit de demander communication [...] des procès-verbaux des séances publiques du conseil » départemental ou régional.

électeurs de savoir qui a dit quoi, et aux administrés de déterminer si les délibérations leur font grief, pour les attaquer le cas échéant devant le juge[8]; elle permet aussi de fournir à ce juge les éléments d'appréciation utiles à son contrôle[9]. Bref, l'« exigence de liberté du débat démocratique »[10] et l'« objectif d'information du public sur la gestion »[11] de la collectivité, selon deux expressions employées par la jurisprudence, sont les impératifs que cherche à protéger le juge.

Pour autant, le juge ne doit pas ignorer une autre dimension du fonctionnement des assemblées locales : la souplesse dont elles ont besoin, compte tenu de leur nature et de leurs moyens. La tendance dans les dernières décennies a consisté à conformer au maximum le fonctionnement des assemblées locales sur celui des chambres parlementaires. Cette tendance est légitime sans doute, les chambres parlementaires étant indubitablement un modèle; d'ailleurs, les rapporteurs publics chargés de proposer une solution à des questions inédites en matière de fonctionnement des assemblées locales se réfèrent toujours au modèle parlementaire[12]. Mais cette tendance à

---

8. TA Clermont-Ferrand, 29 octobre 1987, *Lopez Mendez*, *Rec. TA* 1988, n° 34, et réponse min. *JO Sénat* 26 août 2010, p. 2231.

9. CAA Marseille, 21 janvier 2003, *Philippe Adam*, n° 99MA00153, *Lebon T.* 676; *AJDA* 2003, p. 1724, note L. Janicot : « Les dispositions de l'article L.2121-26 [...] permettent aux administrés d'obtenir la communication des procès-verbaux des séances du conseil municipal, *en particulier dans l'hypothèse où ils souhaitent déférer, au juge de l'excès de pouvoir*, les délibérations afférentes du conseil municipal. » [Nous soulignons].

10. En l'espèce, « au sein des conseils municipaux » (CE 5 mars 2001, *Saez*, n° 230045, *Lebon*, p. 117; *Dr. adm.* 2001 comm. 124; *Coll. Terr.* 2001, chron. n° 10, concl. L. Touvet). On retrouve cette formulation dans diverses décisions, par exemple TA Amiens, 29 novembre 2010, *Bascher*, n° 0801408.

11. CE 7 juillet 2010, *Commune de Mailleroncourt Saint-Pancras*, préc.

12. Voir par exemple Christian Lambert, concl. sur CAA Paris, 12 février 1998, *Tavernier*, n° 96PA01170, *AJDA* 1998, p. 724, au sujet du droit d'amender, qui établit un « parallèle avec le droit d'amendement parlementaire » et propose au juge de « calquer [son] analyse sur celle du Conseil constitutionnel concernant l'exercice du droit d'amendement parlementaire ».

la parlementarisation ne saurait être absolue. Il n'y a guère de sens en effet à infliger à un conseil municipal de neuf ou quinze membres le même « taux d'encadrement » normatif qu'à une chambre parlementaire de 500 ou 600 membres, vu la différence de taille et d'enjeux. Le législateur lui-même ne se montre-t-il pas favorable à un certain réalisme, quand il module les exigences pesant sur les conseils municipaux en fonction de la taille des communes – obligation d'adopter un règlement intérieur, délai de convocation des conseillers, obligation de présenter aux conseillers une note de synthèse sur les affaires à débattre[13] ?

C'est cette recherche d'un compromis entre rigueur et réalisme qu'on voudrait montrer ici, en indiquant comment le juge administratif protège la démocratie représentative locale (I) tout en laissant aux assemblées la souplesse de fonctionnement dont elles ont besoin (II), dans l'esprit pragmatique qui inspire depuis 2011 la jurisprudence *Danthony*, laquelle fournit aujourd'hui au juge sa « grille de lecture » pour apprécier les conclusions à tirer des irrégularités procédurales entachant les décisions des assemblées locales.

I. Le juge, protecteur de la démocratie représentative locale

Le rôle du juge en matière de démocratie représentative locale est d'autant plus important que la réglementation en la matière est longtemps restée fruste. Par exemple, il a fallu attendre 1988 et 1992 pour que les maires soient obligés de joindre l'ordre du jour à la convocation envoyée aux conseillers[14], alors même qu'une telle information

13. CGCT, art. L. 2121-8 (règlement intérieur), L. 2121-11 (délai de convocation), L. 2121-12 (note de synthèse). Autre modulation : la fraction de conseillers à réunir pour imposer au maire une convocation du conseil municipal, portée d'un tiers à la majorité dans les communes de moins de 3 500 habitants (L. 2121-9).

14. Loi n° 88-13 du 5 janvier 1988 pour les communes de 3 500 habitants et plus, puis loi n° 91-125 du 6 février 1992 pour l'ensemble des communes, aujourd'hui au CGCT, art. L. 2121-10. La même règle s'impose, au titre du droit à l'information des élus, dans les départements (L. 3121-19) et les régions (L. 4132-18).

est indispensable pour qu'ils délibèrent en connaissance de cause. Aujourd'hui encore, la loi comporte des lacunes parfois surprenantes. Ainsi, aucun texte ne garantit expressément aux élus locaux le droit de s'exprimer lors des séances, ou le droit d'amender les projets de décision. C'est donc au juge qu'il revient de garantir ces droits, en utilisant ses techniques habituelles : la création d'un principe ou l'interprétation extensive d'un texte. Pour prendre l'exemple du droit d'amendement, ces deux techniques ont été envisagées. En 1998, le commissaire du gouvernement, Christian Lambert, suggérait ainsi à la cour de Paris d'ériger ce droit en principe général, dès lors que la volonté du législateur « ne s'est jamais manifestée »[15] ; la cour préférera toutefois rattacher le droit d'amendement à la loi, en le déduisant simplement de la clause générale de compétence : si les conseils règlent « par leurs délibérations » les affaires des collectivités, cela signifie que les élus ont le droit de délibérer ; or, le droit d'amender est « inhérent » à ce droit (la cour de Versailles parlera, elle, d'un « élément intrinsèque » du pouvoir délibérant)[16]. Cette interprétation de la clause générale peut fonder du même coup le droit à l'expression des élus, selon le même raisonnement : ce droit est

15. « La volonté du législateur [...] ne s'est jamais manifestée [...] Nous vous proposons [...] de reconnaître un [...] principe général du droit » (concl. Christian Lambert sur CAA Paris, 12 février 1998, *Tavernier*, préc.). De la même manière, le commissaire du gouvernement Stahl s'interrogera devant le Conseil d'État sur l'existence d'un principe général de publicité des réunions des organes locaux, s'agissant des commissions permanentes du conseil général et du conseil régional : « Vous pourriez vous interroger sur l'existence d'un principe de notre droit public qui voudrait que tous les organes délibérants des collectivités locales délibèrent publiquement [...] L'ancienneté de cette règle, sa permanence, son impact favorable sur la vie démocratique, vous permettraient sans doute d'en dégager un principe général, qui énoncerait que doivent délibérer publiquement les organes collégiaux à caractère politique, élus au suffrage universel, lorsqu'ils disposent d'un pouvoir de décision » (concl. sur CE Ass., 18 décembre 1996, *Région Centre*, nº 151790, *RFDA* 1997, p. 496).

16. CAA Versailles, 6 juillet 2006, *M. X...*, nº 05VE01393, *AJDA* 2006, p. 1889, note P.-E. Durand.

une sous-branche nécessaire de leur droit de délibérer. Bizarrement, toutes les juridictions ne le raccrochent pourtant pas au même texte, ce qui montre le caractère parfois artificiel de la démarche interprétative. Ainsi, la cour de Nancy a déduit le droit de s'exprimer des conseillers municipaux d'une combinaison des articles L. 2123-13 (sur le droit à l'information) et L. 2121-19 (sur le droit de poser des questions orales)[17] ; il semblait pourtant plus simple et plus logique de le déduire de l'article L. 2121-19, comme l'avait fait la cour de Paris[18]. La cour de Versailles jugera pour sa part que le droit de poser des questions orales, de par sa spécificité, ne saurait fonder un droit général des conseillers municipaux de s'exprimer, droit particulier et droit général n'étant pas interchangeables[19].

Si le juge intervient occasionnellement pour combler les lacunes de la loi, il doit cependant veiller à ne pas trouver une lacune dans un silence délibéré du législateur, révélateur d'une volonté implicite. Tel était le cas par exemple dans l'affaire célèbre des réunions des commissions permanentes du conseil départemental et du conseil régional. Le commissaire du gouvernement Stahl avait proposé au Conseil d'État d'imposer à ces commissions de se réunir en public, au nom des « exigences de la vie démocratique »[20], et compte tenu du fait que ces commissions disposent d'une délégation du pouvoir délibérant. Le Conseil d'État va choisir la solution inverse, au nom d'un argument de texte : le silence gardé par le législateur révèle selon lui sa volonté de ne pas imposer la publicité aux commissions, dès lors que, s'agissant des conseils eux-mêmes, il a voulu la leur

---

17. CAA Nancy, 4 juin 1998, *Ville de Metz*, n° 97NC02102, *AJDA* 1998, p. 941, chron. B. Stamm ; *Dr. adm.* 1998, n° 300 ; *RGCT* 1999, p. 12, concl. Pierre Vincent ; *LPA* 1999, n° 42, note R. A.

18. CAA Paris, 22 novembre 2005, *Commune d'Issy-les-Moulineaux*, n° 02PA01786, *BJCL* 2006, p. 92, concl. P. Trouilly.

19. CAA Versailles, 30 décembre 2004, *Commune de Taverny*, n° 02VE02420, *AJDA* 2005, p. 740.

20. Concl. cit.

imposer et qu'il l'a dit expressément – s'il l'avait voulu pour les commissions, il l'aurait dit expressément aussi, selon le classique argument d'analogie[21].

Depuis les années 1970[22] et 1990[23], le législateur s'est davantage préoccupé d'encadrer la démocratie représentative locale. La loi prévoit désormais une riche série de garanties en faveur des élus, pour qu'ils exercent leur mandat convenablement. La tâche du juge est donc désormais de porter ces textes à leur puissance, pour qu'ils produisent leur effet.

Il s'y emploie de multiples manières, et d'abord en ouvrant largement son prétoire. Au plan de la recevabilité, on sait que la qualité d'élu local donne intérêt pour agir contre les délibérations

---

21. « La règle de la publicité des séances des délibérations des conseils généraux et régionaux… posée par le législateur, n'a pas été étendue par lui aux délibérations de la commission permanente de ces conseils » (CE Ass., 18 décembre 1996, *Région Centre*, n° 151790, *RFDA* 1997, p. 496). À strictement parler, la solution est cependant plus difficile qu'il n'y paraît. Aussitôt après avoir développé cet argument *a contrario*, le Conseil d'État ajoute en effet : « Aucun principe de valeur législative n'impose une telle publicité. » On comprend mal le sens d'une telle précision : quand bien même ce principe aurait existé, il aurait nécessairement été anéanti par la volonté implicite du législateur que le juge prétend avoir dégagée dans la phrase précédente.

22. Loi n° 70-1297 du 30 décembre 1970 sur la gestion municipale et les libertés communales.

23. On peut mentionner la loi d'orientation n° 92-125 du 6 février 1992 relative à l'administration territoriale de la République (chapitre III, « Droits des élus au sein des assemblées locales »), la loi n° 93-122 du 29 janvier 1993 relative à la prévention de la corruption et à la transparence de la vie économique et des procédures publiques (art. 75 sur la communication aux assemblées locales des avis des chambres régionales des comptes) ou la loi n° 95-101 du 2 février 1995 relative au renforcement de la protection de l'environnement (art. 73 sur la communication au conseil municipal du rapport annuel sur le prix et la qualité du service public d'eau potable).

de l'assemblée[24], et que depuis 1992 les règlements intérieurs de ces assemblées sont des mesures faisant grief, et plus des mesures d'ordre intérieur[25]. Au plan des voies de recours, les élus disposent du traditionnel recours pour excès de pouvoir, doublé le cas échéant d'un référé-suspension[26] ; la voie référé-liberté, en revanche, est exclue, car le juge des référés regarde les questions touchant aux droits individuels des élus comme ne concernant que les « rapports internes » au sein des collectivités, sans lien avec une « liberté fondamentale » au sens de l'article L. 521-2 du Code de justice administrative. Cette solution est discutable ; on pourrait estimer que la liberté de s'administrer d'une collectivité, reconnue depuis 2001 comme « liberté fondamentale », peut être menacée aussi bien du point de vue de ses rapports avec l'État ou avec d'autres collectivités qu'au point de vue de l'équilibre interne entre l'organe exécutif et l'organe délibérant, ce qui inclurait le respect des droits des membres de l'organe délibérant. Quoi qu'il en soit, la jurisprudence actuelle interdit par exemple de contester par le biais du référé-liberté le refus

---

24. Le fait pour un élu d'avoir voté une délibération antérieure analogue étant sans incidence sur son intérêt pour agir (CAA Versailles, 30 décembre 2004, *Commune de Taverny*, préc.). Rappelons par ailleurs qu'un élu local n'est aujourd'hui plus tenu de n'invoquer que des moyens en rapport avec les prérogatives de son assemblée (CE 2 février 2015, *Commune d'Aix-en-Provence et Joissains*, n° 373520), même s'ils sont ceux qui nous intéressent ici.

25. CE sect., 10 février 1995, *Riehl*, n° 129168, *Lebon*, p. 66 ; *RFDA* 1995, p. 343, concl. H. Savoie ; *AJDA* 1995, p. 370, chron. L. Touvet et J.-H. Stahl et *Commune de Coudekerque-Branche c/Devos*, n° 147378.

26. Par exemple, CE 10 avril 2009, *Commune de Vif*, n° 319971, *AJDA* 2009, p. 1656, note M. Verpeaux.

de l'organe exécutif de déférer à une demande de convocation de l'organe délibérant alors que les conditions[27] sont remplies[28], ou encore la régularité des convocations[29].

Lorsqu'une garantie est prévue par les textes, le juge veille à ce qu'elle produise son effet. Il opère parfois de légères requalifications dans ce but, par exemple lorsqu'il analyse une demande d'inscription d'une affaire à l'ordre du jour comme une demande de convocation exceptionnelle de l'assemblée, pour faire jouer les articles L.2121-9, L.3121-10 et L.4132-9[30]. De même, il empêche les applications détournées de ces textes qui viseraient à les écarter de leur fin pour attenter à la démocratie. Par exemple, il n'est pas possible de tourner l'obligation de convoquer les élus aux réunions en regardant chaque nouvelle réunion comme la continuation de la précédente, où la convocation avait été faite[31] ; ni d'employer le pouvoir de police des séances ou la faculté de délibérer à huis clos à titre préventif, en vue d'écarter d'emblée un conseiller ou un membre de l'assistance[32].

---

27. CGCT, art. L.2121-9, L.3121-10 et L.4132-9.

28. CE sect., ord. 18 janvier 2001, *Commune de Venelles et Morbelli*, n° 229247, *Lebon*, p. 18, concl. L. Touvet; *D.* 2002, p. 2227, obs. R. Vandermeeren; *AJDA* 2001, p. 153, chron. M. Guyomar et P. Collin; *RFDA* 2001, p. 378, concl. L. Touvet, p. 681, note M. Verpeaux.

29. CE ord. 23 octobre 2012, *Commune de Gignac-la-Nerthe*, n° 363251, *AJDA* 2012, p. 2028.

30. CAA Marseille, 31 décembre 2003, *Serge X...*, n° 00MA00549 : la demande « constituait, en réalité, une demande de réunion exceptionnelle ».

31. CE 5 février 1986, *Commune du Thor*, n° 46640, à propos d'une séance suspendue entre 0h15 et 18h30 : « Compte tenu notamment de la durée de l'interruption, la séance [...] ne peut être regardée comme la suite de la séance de la veille au soir et constituait une séance distincte. »

32. CAA Nancy, 2 février 2006, *Commune d'Amnéville*, n° 03NC00190, *AJDA* 2006, p. 948 (refus préventif de convoquer un conseiller, au nom du bon déroulement de la séance); TA Grenoble, 29 octobre 2009, *Mme Gervason et autres*, n° 0704197 (huis clos préventif).

Surtout, le juge opte chaque fois que c'est nécessaire pour la modalité la plus élevée de son contrôle, le contrôle normal. Un exemple est fourni par une question d'apparence anodine où se cache pourtant un enjeu important du point de vue du droit des élus à délibérer en connaissance de cause : la vérification par le juge de l'appréciation portée par les maires sur l'importance des questions inscrites à l'ordre du jour, en vue de déterminer si elles pouvaient être incluses dans la rubrique « Questions diverses », réservée, selon la formule jurisprudentielle, aux « questions de faible importance »[33]. L'examen de la jurisprudence montre la méticulosité du juge, qui étudie chaque fois les « enjeux »[34] des sujets, leur « actualité »[35] pour les habitants, le montant des sommes en cause (dans le cas d'un loyer)[36]. Il arrive cependant qu'il ne justifie pas son appréciation et qu'il pose d'autorité qu'une expropriation[37], un retrait de délégation[38], un projet de plan local d'urbanisme[39] ou une vente[40] sont des questions importantes, qui doivent apparaître expressément dans la convocation[41].

D'autres décisions restent en revanche soumises au contrôle restreint, comme la décision de délibérer à huis clos. C'est pourtant une décision grave, qui attente lourdement à la démocratie.

---

33. CAA Bordeaux, 18 novembre 2014, *Ministre de l'Écologie*, n° 12BX01878.

34. CAA Marseille, 15 novembre 2013, *Commune de Céreste*, n° 11MA04643.

35. *Ibid.*

36. CAA Nancy, 26 novembre 2012, *Commune d'Humbertville*, n° 12NC00160.

37. CAA Lyon, 17 janvier 2013, *Mme D...*, n° 11LY02149.

38. CAA Douai, 25 octobre 2012, *Commune de Sars-Poteries*, n° 11DA01928.

39. CAA Lyon, 10 mai 2011, *Jean-Marc A...*, n° 10LY00481.

40. CAA Lyon, 26 février 2008 *Commune de Tence*, n° 05LY00792. Inversement, est jugée de faible importance la conclusion d'un bail à ferme (CAA Nancy, 30 mars 2006, *M. X...*, n° 05NC01065).

41. Notons qu'une rubrique « Questions diverses » ne peut évidemment être abordée en séance qu'à condition d'avoir été prévue elle-même à l'ordre du jour. CAA Nancy, 20 mai 2010, *Commune de Cousance*, n° 09NC00552 : « Eu égard à la portée du recours de Mme X, la délibération le rejetant pouvait relever de la rubrique des affaires diverses, mentionnée à l'ordre du jour, etc. »

> « La publicité, disait Waddington dans son rapport sur la loi départementale de 1871, est l'essence et la vie des assemblées délibérantes ; sans elle, il n'y a ni responsabilité efficace, ni émulation féconde[42]. »

Émile de Marcère a même soutenu en 1884 que la publicité des assemblées locales était la contrepartie nécessaire du sacrifice de la démocratie directe :

> « Tous les habitants de la commune devraient être admis à délibérer sur leurs affaires, et si le système de délégation a été adopté par nécessité, encore faut-il qu'il se rapproche autant que possible du principe ; et la faculté pour le public d'assister aux séances est la part faite au droit des habitants[43]. »

Le choix du contrôle restreint se justifie toutefois ici dans la mesure où le juge, statuant *a posteriori*, n'est pas bien placé pour mesurer rétrospectivement quel degré de menace pesait sur la sérénité des débats. Du reste, les requérants peuvent obtenir facilement gain de cause en portant leur argumentation sur l'exactitude matérielle des faits plutôt que sur la nécessité de recourir au huis clos, c'est-à-dire en soutenant qu'il n'y avait pas de trouble ; c'est sur ce terrain que sont censurés les huis clos votés préventivement, une menace future n'étant par définition pas actuelle, donc pas réelle[44].

La protection de la démocratie représentative par le juge peut aller si besoin jusqu'à l'interprétation *contra legem*, comme en matière de droit de proposition des élus. Il va de soi que l'élu doit pouvoir non seulement amender les projets en cours de discussion, mais aussi proposer lui-même de nouveaux projets. Ce droit reste cependant théorique si ces propositions ne sont jamais inscrites à l'ordre du jour ;

---

42. Cité par Jacques-Henri Stahl, concl. cit.

43. *Ibid.*

44. TA Grenoble, 29 octobre 2009, *Mme Gervason et autres*, n° 0704197 ; TA Toulouse, 6 novembre 2009, *Mme Carbou et autres*, n° 0602153 ; TA Dijon, 12 novembre 2009, *Mme Cusey*, n° 0901337 ; TA Besançon, 18 février 2010, *M. Lambert*, n° 0801976.

or, dans les communes, c'est au maire et à lui seul qu'il appartient de fixer cet ordre du jour (art. L. 2121-10), en vertu d'une compétence discrétionnaire[45]. Il est donc facile pour un maire de vider de sa substance le droit de proposition des élus, notamment ceux de l'opposition. Le texte, pris dans sa rigueur, s'oppose donc au droit des élus. C'est pourquoi la cour de Marseille a pris le parti d'atténuer la portée du texte, en jugeant que « l'exercice discrétionnaire de sa compétence [par le maire] ne doit pas porter une atteinte excessive au droit de proposition des conseillers municipaux »[46]. Solution étrange, selon laquelle le maire est libre sans l'être, mais qui témoigne dans sa volonté de compromis du souci du juge de garantir le droit des élus.

II. Le juge, garant de la souplesse du fonctionnement des assemblées locales

Tout en protégeant les principes et en portant les textes à leur puissance, le juge administratif veille à faire preuve de réalisme, en laissant aux assemblées locales la souplesse dont elles ont besoin pour fonctionner commodément. La rigueur n'est pas toujours indispensable, quand les principes sont hors de cause ; elle peut même dégénérer en formalisme paralysant, surtout pour des assemblées de petite taille, dont les moyens sont limités et dont le fonctionnement conserve parfois la dimension quasi familiale de jadis. C'est pourquoi le juge module sa sévérité dans l'application des textes, en optant pour une lecture finaliste : la contrainte concrète imposée par la loi

45. CAA Marseille, 24 novembre 2008, *Commune d'Orange*, n° 07MA02744, *BJCL* 2009, p. 90, concl. E. Paix ; *JCP A* 2009, n° 2302, chron. S. Deliancourt : « Le choix des questions portées à l'ordre du jour des séances du conseil municipal relève d'un pouvoir discrétionnaire du maire. » Il n'en va autrement que si les élus demandent l'inscription à l'ordre d'une question sur laquelle l'assemblée est obligée de statuer, comme l'abrogation d'un document d'urbanisme illégal (CE avis 2 octobre 2013 *Mme A...*, n° 367023, *AJDA* 2013, p. 1948, obs. Biget).

46. CAA Marseille, 24 novembre 2008, *Commune d'Orange*, préc. En l'espèce, la cour juge que les propositions n'étant ni « dilatoires » ni « abusives », le maire a « porté atteinte de manière excessive » au droit de proposition du conseiller.

compte moins que le but poursuivi, et elle peut être ignorée quand ce but est atteint. Le problème récurrent du droit à l'information des élus locaux[47] en fournit une bonne illustration.

La loi, comme on sait, donne aux élus locaux le droit d'« être informé des affaires de [leur collectivité territoriale] qui font l'objet d'une délibération »[48]. Avant même l'intervention du législateur, ce droit avait été organisé par les juges du fond dès les années 1980, avant d'être consacré par le Conseil d'État dans l'arrêt *Commune de Guitrancourt*[49]. L'idée sous-jacente est naturellement que l'élu ne peut accomplir son mandat que s'il délibère en connaissance de cause, donc s'il dispose du stock d'informations nécessaires pour se prononcer. Dans le cas des conseillers municipaux, ce droit se traduit concrètement par l'obligation du maire d'indiquer l'ordre du jour dans les convocations qu'ils reçoivent[50] et, pour les communes de 3 500 habitants et plus, par l'obligation d'y joindre une « note explicative de synthèse sur les affaires soumises à délibération »[51], dont l'absence ou l'insuffisance sont, comme on sait, un moyen de légalité externe soulevé presque systématiquement par les requérants dans leurs recours. Or, le juge administratif appréhende ces obligations avec souplesse : peu importe, en réalité, que la loi ne soit pas respectée scrupuleusement, tant que le but qu'elle entendait atteindre – faire en sorte que les élus soient correctement informés – n'a pas été manqué. Ainsi, il n'est pas grave que l'ordre du jour mentionné

47. Sur le problème en général, voir D. LANDBECK, « L'information des assemblées délibérantes locales : enjeux et difficultés », *AJDA* 2003, p. 1138.

48. CGCT, art. L. 2121-13, L. 3121-18 et L. 4132-17.

49. Les conseillers (en l'espèce, municipaux) « tiennent [...] de leur qualité de membres de l'assemblée municipale appelés à délibérer sur les affaires de la commune, le droit d'être informés de tout ce qui touche à ces affaires dans des conditions leur permettant de remplir normalement leur mandat » (CE 29 juin 1990, *Commune de Guitrancourt c/Mallet et autres*, n° 68743, *Lebon T.* 608 ; *LPA* 20 février 1991, p. 12, note F. Chouvel).

50. CGCT, art. L. 2121-10.

51. CGCT, art. L. 2121-12.

sur la convocation soit vague ; la règle est réputée satisfaite dès lors que, compte tenu des circonstances de l'affaire, les conseillers « ne pouvaient ignorer » le sens des inscriptions, par exemple parce qu'ils avaient délibéré des mêmes sujets lors de la réunion précédente. C'est ce qu'a jugé la cour de Lyon en 2010[52] :

> « La convocation à la séance du 13 décembre 2006 du conseil municipal de la commune de Remilly-en-Montagne, qui compte une centaine d'habitants, précise, en premier point de l'ordre du jour, que le conseil municipal sera amené à délibérer du droit de préemption urbain ; [...] il ressort des pièces du dossier que les conseillers municipaux ne pouvaient ignorer ce que recouvrait très précisément cette mention, ayant en effet déjà délibéré de la possibilité de préempter le bien lors de la précédente séance [...] au cours de laquelle ils ont décidé de se prononcer définitivement lors de la prochaine réunion [...] dans ces circonstances, la mention précitée de la convocation doit être regardée comme suffisante ».

On remarque l'incise sur la population communale – la commune « compte une centaine d'habitants » –, qui sous-entend que Remilly-en-Montagne étant une petite commune, les problèmes sont peu nombreux, en sorte qu'il n'y a guère de confusion possible ; la solution aurait pu être différente pour une commune plus importante. On peut s'interroger en revanche sur la solution similaire de la cour de Versailles, rendue l'année suivante[53] :

> « Les premiers juges [écrit la cour] ont estimé qu'à défaut de la mention à l'ordre du jour de la séance du conseil municipal du 24 juillet 2007 du bilan de la concertation, la délibération tirant ce bilan serait entachée d'irrégularité [...] il ressort cependant des pièces du dossier que si la convocation [...] ne comporte pas expressément, parmi les questions inscrites à l'ordre du jour, le bilan de la concertation, alors qu'il mentionne l'arrêt du projet de plan local d'urbanisme, ce bilan a fait l'objet d'un débat et d'une délibération adoptée au cours de cette séance [...] dans

---

52. CAA Lyon, 27 avril 2010, *M. et Mme Philippe A...*, n° 08LY02805.
53. CAA Versailles, 28 avril 2011, *Commune de Gambais*, n° 10VE01479.

ces conditions et alors que les membres du conseil municipal ne pouvaient se méprendre sur les objets de leurs délibérations, etc. »

La formulation est étrange : la question n'est en effet pas celle de savoir si les conseillers ont compris ou non l'objet de leurs délibérations, mais celle de savoir s'ils ont pu s'y préparer ou non. La Cour semble ici tirer du fait qu'ils ont accepté de débattre la conclusion qu'ils étaient conscients que ce sujet serait à l'ordre du jour, et donc que le but poursuivi par la loi est atteint.

S'agissant de la note explicative de synthèse, la souplesse du juge est également maximale. Peu importe que les maires ne fournissent pas une note de synthèse en bonne et due forme, composée d'un document unique rédigé exprès, mais un ensemble de pièces qui en fera office, par exemple un « projet intégral de budget »[54] avant la délibération sur le budget. Dès lors que ces documents donnent aux conseillers l'« information adéquate pour exercer utilement leur mandat »[55], les juges sont satisfaits. Autrement dit, le formalisme est réduit à sa plus simple expression, et tout type de document peut remplacer la note proprement dite ; de là la récurrence dans la jurisprudence d'expressions telles que « rapport de présentation valant note explicative de synthèse »[56], « documents permettant de disposer

54. CE 12 juillet 1995, *Commune de Fontenay-le-Fleury*, n° 157092, *Lebon T.* 681 ; *Dr. adm.* 1995, n° 566 ; CAA Marseille, 8 décembre 2003, *M. Delus et autres*, n° 99MA00732.

55. CE 14 novembre 2012, *Commune de Mandelieu-la-Napoule*, n° 342327, *Lebon T.* 602 ; *BJDU* 2013, p. 43, concl. X. De Lesquen ; *AJDA* 2012, p. 2198 ; *AJCT* 2013.204, obs. V. Grillet-Carabajal. Voir la formule très claire de la cour de Douai : « Le défaut d'envoi de [la] note ou son insuffisance entache d'irrégularité les délibérations prises, à moins que le maire n'ait fait parvenir aux membres du conseil municipal, en même temps que la convocation, les documents leur permettant de disposer d'une information adéquate » (CAA Douai, 11 juin 2015, *SCI Foncière Béthune*, n° 14DA00563).

56. CE Ass., 19 juillet 2011, *Vaissières c/Commune de Montreuil-sous-Bois*, n° 320796, *AJDA* 2011, p. 1460, obs. M.-C. Montecler, p. 2010, note E. Fatôme et L. Richer et p. 1667, chron. X. Domino et A. Bretonneau ; *D.* 2011.2025, édito.

d'une information équivalente »[57], etc. Cette solution, raisonnable dans la plupart des cas, peut tout de même être critiquée. Si le législateur a voulu que les conseillers se voient remettre une synthèse, c'est parce que l'excès d'information peut s'avérer aussi néfaste que l'insuffisance d'information – on imagine bien un conseiller débutant, noyé dans les documents complexes que lui fournit le maire à titre de note, et finalement incapable de se forger une opinion. Aussi, on peut se féliciter du soin que met le juge à empêcher que les notes soient trop légères (« trop insuffisamment détaillées », selon une formulation redondante de la cour de Bordeaux)[58], mais aussi déplorer qu'il soit si peu strict avec les documents détaillés à l'excès.

Plus généralement, la même approche finaliste prévaut pour l'ensemble des modalités du droit à l'information des élus locaux tel qu'il est prévu par les articles L. 2121-13, L. 3121-18 et L. 4132-17 : le juge garantit aux élus leur droit d'être informé de tout ce qui leur est utile pour délibérer, mais pas au-delà. Il opère ainsi un arbitrage entre ce qui relève de ce droit et ce qui n'en relève pas, c'est-à-dire entre ce qui est utile ou non[59], et dessine en conséquence les

F. Rome ; *JCP A* 2011, n° 2309, note F. Dieu ; *AJCT* 2011, p. 515, note M. Perrier ; *Dr. adm.* 2011, n° 92, note F. Brenet ; *RLCT* 2011, n° 73, p. 10, note M.-C. Rouault.

57. CAA Marseille, 14 février 2013, *Commune de Gignac-la-Nerthe*, n° 12MA00868.

58. CAA Bordeaux, 27 avril 2004, *Commune de la Possession*, n° 00BX01715, *JCP A* 2004, n° 1473.

59. Par exemple, s'agissant de l'étendue de l'information nécessaire pour délibérer en connaissance de cause sur une subvention versée à une association, CE 4 mai 2012, *Fédération libre pensée et action sociale du Rhône*, n° 336462, *AJDA* 2012, p. 973, obs. R. Grand ; *JCP A* 2012, n° 2233, note J.-F. Amédro ; *D.* 2012, p. 1337 ; *AJCT* 2012, p. 442, obs. É. Péchillon : l'article L. 2121-13 « n'imposai[t] pas, en l'absence de demande de leur part, la communication des comptes et des statuts de l'association [...] aux conseillers municipaux préalablement à l'adoption de la délibération décidant d'octroyer une subvention à cette association [...] en estimant que l'information délivrée aux membres du conseil municipal avait été suffisante pour leur permettre d'exercer leurs attributions et avait satisfait aux exigences de l'art. L. 2121-13 [...], la cour n'a pas commis d'erreur de droit ni

contours de l'obligation d'informer qui pèse sur l'organe exécutif, afin de ne pas surcharger ce dernier. Comme le note Claude Devès, « admettre trop largement [le] droit [à l'information] serait certainement encourager l'activité paperassière de l'administration »[60]. Par exemple, s'agissant de l'information nécessaire pour délibérer sur une subvention versée à une association, le Conseil d'État a jugé en 2012 que l'article L. 2121-13

> « n'imposai[t] pas, en l'absence de demande de leur part, la communication des comptes et des statuts de l'association [...] aux conseillers municipaux préalablement à l'adoption de la délibération décidant d'octroyer une subvention à cette association [...] en estimant que l'information délivrée aux membres du conseil municipal avait été suffisante pour leur permettre d'exercer leurs attributions et avait satisfait aux exigences de l'article L. 2121-13 [...], la cour n'a pas commis d'erreur de droit ni dénaturé les faits qui lui étaient soumis »[61].

Dans la même logique, le juge limite l'obligation d'information sur l'avis des Domaines avant la vente d'un bien dans les communes de plus de 2 000 habitants (art. L. 2241-1) à la communication de la « teneur » de l'avis, non celle du document complet[62]. En contrepartie, les élus gardent toujours la possibilité de demander individuellement à l'organe exécutif les informations supplémentaires qu'ils estiment utiles ; mais s'ils ne le font pas, on peut considérer

dénaturé les faits qui lui étaient soumis ». Dans la même logique, le juge limite l'obligation d'information sur l'avis des Domaines avant la vente d'un bien dans les communes de plus de 2 000 habitants (art. L. 2241-1) à la communication aux élus de la « teneur » de l'avis, pas à celle du document complet (CE 11 mai 2011, *Commune de Vélizy-Villacoublay*, n° 324173, *Lebon T.*, p. 802 ; *AJDA* 2011, p. 989 ; *AJCT* 2011, p. 523, obs. M. Philip-Gay).

60. « Les conditions de recapitalisation d'une SEM », *AJDA* 2003, p. 235. Le juge, confirme Dominique Landbeck, tient compte de « la nécessité de ne pas surcharger des exécutifs déjà abondamment sollicités, notamment pour les communes les plus petites. Le droit de l'information se veut pragmatique » (art. cit., p. 1138).

61. CE 4 mai 2012, *Fédération libre pensée et action sociale du Rhône*, préc.

62. CE 11 mai 2011, *Commune de Vélizy-Villacoublay*, préc.

qu'ils sont satisfaits, et le juge leur refusera donc la possibilité de se plaindre *a posteriori* du manque d'information. C'est ce que décide par exemple le Conseil d'État dans la fameuse affaire *Commune d'Olivet*, en 2009[63] : le fait que

> « le règlement des abonnements et le nouveau bordereau de prix n'étaient pas joints aux documents transmis aux conseillers municipaux avant la séance » [était sans incidence] « dès lors qu'il ne ressort pas des pièces du dossier que le conseil municipal ne disposait pas des informations nécessaires [...] ni, en tout état de cause, que la communication de ces documents aurait été refusée aux intéressés par le maire »[64].

Un équilibre s'installe ainsi entre le droit d'être informé et la nécessité de ne pas accabler l'organe exécutif, sachant que l'idéal d'information parfaite est par définition inaccessible.

Le même souci d'éviter un formalisme inutile se repère dans d'autres aspects de la jurisprudence administrative, par exemple en matière de quorum[65]. Le quorum est un élément capital pour le caractère démocratique du fonctionnement des assemblées locales, dès lors qu'il empêche la domination illégitime d'une minorité; pour autant, une conception extensive et stricte des règles de quorum aboutirait probablement à des résultats contre-productifs. Les actifs, notamment, pourraient être découragés de présenter leur candidature

---

63. CE Ass., 8 avril 2009, *Ville d'Olivet (*n° 271737), *Contrats Marchés pub.* 2009, comm. 164, note G. Eckert; *AJDA* 2009, p. 676, p. 1090, chron. S.-J. Liéber et D. Botteghi, p. 1747, étude S. Nicinski; *D.* 2009, p. 1209; *RFDA* 2009.449, concl. E. Geffray; *JCP A* 2009, n° 2147, note F. Linditch et n° 2157, note B. Bonnet; *Dr. adm.* 2009, comm. 85 F. Melleray.

64. Voir aussi CE 10 juillet 1996, *Coisne* (n° 140606), *Lebon T.* 1006; *Dr. adm.* 1996. comm. 519; *RFDA* 1997, p. 504, concl. Chantepy, note J.-C. Douence : « Si deux conseillers municipaux [...] ont indiqué [...] qu'ils n'avaient pu avoir accès, avant ou pendant la séance, à des documents [...] ils n'ont cependant formulé aucune demande précise concernant les documents dont ils souhaitaient avoir communication [...] dès lors, le moyen tiré par M. X... de l'absence de communication de documents [...] doit être rejeté. »

65. CGCT, art. L.2121-17, L.3121-14 et L.4132-13.

aux élections locales, par crainte que leurs contraintes d'emploi du temps ne leur permettent pas toujours d'assister aux réunions dès leur commencement, et que l'assemblée soit du coup bloquée par leur faute. C'est pourquoi le juge choisit une lecture souple de la règle, en calculant le quorum délibération par délibération, ce qui autorise du coup les arrivées – et les départs – en cours de séance. Plusieurs délibérations adoptées au cours d'une même soirée peuvent ainsi être légales ou non, selon que le quorum était atteint au moment considéré[66] ; d'où l'importance de l'exhaustivité et de la précision du compte-rendu de réunion, avec le relevé du nombre des voix pour permettre la vérification.

***

*

Garantir les principes – ici, le principe démocratique – tout en ménageant aux assemblées locales la souplesse nécessaire, protéger les buts poursuivis par la loi, mais ne pas appliquer mécaniquement la loi, bref, « ne pas verser dans le formalisme en annulant au-delà du nécessaire », selon l'expression de Gaëlle Dumortier dans ses conclusions[67] sur l'affaire *Danthony*[68] : c'est le pragmatisme à l'origine de cette jurisprudence sur le vice de procédure que reflète la position du juge sur le fonctionnement des assemblées locales, soucieux de trouver le bon équilibre entre la rigueur des principes et les tolérances nécessaires de la pratique. De fait, toutes les irrégularités procédurales touchant au fonctionnement de ces assemblées sont aujourd'hui appréhendées à travers la grille de lecture issue de cette décision, avec

66. Voir par exemple TA Versailles 16 mars 2001, *Commune de La Celle-Saint-Cloud.*

67. G. DUMORTIER, « L'office du juge à l'égard du vice de procédure », *RFDA* 2012, p. 284.

68. CE 23 décembre 2011, *Danthony,* n° 335033, *Lebon,* p. 653 ; *AJDA* 2012, p. 195, chron. X. Domino et A. Bretonneau, et p. 1484, étude C. Mialot ; *AJCT* 2015, p. 388, étude R. Bonnefont ; *RFDA* 2012, p. 284, concl. G. Dumortier, p. 296, note P. Cassia, et p. 423, étude R. Hostiou.

les catégories qu'elle a consacrées : l'influence possible du vice sur le sens de la décision, et la privation d'une garantie. Le « protocole » est bien connu, le juge posant une série de questions en arborescence : y avait-il irrégularité et, si oui, cette irrégularité a-t-elle été susceptible d'exercer une influence sur le sens de la décision; dans le cas contraire, cette irrégularité a-t-elle privé l'intéressé d'une garantie, et laquelle. En d'autres termes, l'ensemble de la jurisprudence mise au point depuis plusieurs décennies est reprise dans les termes de l'arrêt *Danthony*, ainsi qu'on le constate par exemple en matière de contestation des convocations[69] et d'insuffisance d'information des élus, en général[70] ou lors du débat d'orientation budgétaire de l'article L. 2312-1 en particulier[71]. La note explicative de synthèse, de la même façon, est regardée par les juges comme une « garantie » au sens de la jurisprudence *Danthony*[72] ; son insuffisance a dès lors toutes les chances de provoquer l'illégalité de la délibération[73], même

---

69. CAA Nantes, 16 juin 2015, *Mme B...*, nº 13NT01492 : « L'irrégularité tenant à l'absence de convocation régulière au sens [...] à la supposer établie, n'a ni privé les intéressés d'une garantie ni influé sur le sens de la décision. »

70. CAA Marseille, 30 octobre 2015, *Commune de La Garde*, nº 13MA04227 : « Il ne ressort pas des pièces du dossier que les conseillers municipaux [...] aient été privés d'une garantie dès lors que ni la délibération, ni le compte rendu de la séance du conseil municipal ne font état de la réserve d'un ou plusieurs conseillers municipaux sur leur degré d'information [...] à supposer même l'existence d'une telle irrégularité établie, les requérants ne démontrent, ni même n'allèguent qu'elle ait exercé une influence décisive sur le sens de la délibération qui a été adoptée à 24 voix sur 33. » Voir aussi CAA Douai, 12 mai 2015, *M. A...*, nº 13DA01858 : « Les conseillers municipaux, auxquels les documents [...] n'ont été communiqués que postérieurement au débat, n'ont pas disposé en temps opportun des informations leur permettant de préparer de manière pertinente le débat sur les orientations budgétaires de la commune [...] les élus municipaux ont été ainsi privés d'une garantie. »

71. CAA Marseille, 27 février 2015, *M. D...*, nº 13MA03838.

72. CAA Douai, 11 juin 2015, *SCI Foncière Béthune*, nº 14DA00563 : « La garantie qui s'attache à la communication de cette note. »

73. Voir par exemple CAA Marseille, 26 février 2016, *Mme A*, nº 14MA02372, pour un plan d'urbanisme : « S'il renvoie [...] à un document disponible par ailleurs, le "rapport de présentation" valant note de synthèse [...] ne fournit aucune

si les « circonstances particulières de l'espèce » peuvent aboutir à ce que cette lacune ne prive pas les élus d'une garantie[74]. Jurisprudence au cas par cas qui permet finalement au juge de concilier le principe fondamental de la démocratie représentative locale avec un autre, tout aussi important : la continuité de l'action des collectivités territoriales, qui serait menacée si toutes les délibérations tombaient mécaniquement sous le coup d'annulations injustifiées pour des irrégularités bégnines.

---

explication relative aux choix présidant [...] à l'adoption du plan local d'urbanisme [...] les requérantes sont fondées à soutenir que l'insuffisance de la note de synthèse a exercé une influence sur le sens de la délibération et a, en outre, par elle-même, privé les membres du conseil municipal d'une garantie. » Voir aussi CAA Marseille, 27 février 2015, *Commune de Bollène*, n° 13MA03886, pour un budget : « Les notes explicatives jointes à la convocation [...] ne comportent qu'un simple tableau récapitulatif, lequel s'avère trop imprécis sur les orientations générales et par là même insuffisant pour mettre les élus à même de préparer le débat budgétaire et d'exercer effectivement leur pouvoir de décision [...] les délibérations [...] sont entachées d'un vice de procédure [...] les conseillers municipaux ayant été ainsi, et en l'espèce, privés d'une garantie. »

74. CE 17 juillet 2013, *SFR*, n° 350380, *AJDA* 2013, p. 1548, p. 2326, note J.-B. Sibileau.

LE CONTENTIEUX DES DOCUMENTS ET AUTORISATIONS D'URBANISME EN 2015

Florence LERIQUE[1]
Maître de conférences HDR
CERDARE, GRALE, Université de Bordeaux-IV (à l'époque du colloque)

Défini par le Conseil d'État en 1992 comme « chargé de définir et d'encadrer les possibilités d'utiliser le sol »[2], le droit de l'urbanisme détermine « les prévisions et règles touchant à l'affectation et à l'occupation du sol »[3]. C'est dire si le droit de l'urbanisme concentre des enjeux de taille en termes d'aménagement, de développement économique, de logements, de circulation et également financiers. Laboratoire de la décentralisation dès le milieu des années 1970, le droit de l'urbanisme décentralisé va générer un contentieux abondant et sans cesse renouvelé.

Le Conseil d'État lui a consacré son rapport en 1992, sorte de bilan de dix ans de décentralisation. Le rapport préconise un certain nombre de recommandations qui seront pour certaines adoptées,

1. Florence Lerique est maintenant professeure en aménagement et urbanisme à l'Institut d'Aménagement, de Tourisme et d'Urbanisme, université Bordeaux Montaigne.

2. *Rapport public du Conseil d'État – L'urbanisme, pour un droit plus efficace*, EDCE, 1992.

3. CE 27 février 2004, *Centre régional de la propriété foncière de Lorraine-Alsace*, A, n° 198124.

comme la volonté de généraliser la planification stratégique sur des territoires vastes pour couvrir les zones urbaines de documents d'orientation et d'aménagement. Il s'agit de la création des schémas de cohérence territoriale (SCoT) dont la création sera entérinée dans la loi SRU de décembre 2000.

Le contentieux de l'urbanisme a été un enjeu de taille puisque si le droit de l'urbanisme en tant que tel n'est pas un souci en lui-même, son utilisation l'est, comme l'a souligné le Conseil d'État en 1992. Étudier ce contentieux revêt donc un intérêt singulier. Le Conseil d'État a tout récemment consacré un dossier thématique en mai 2016 intitulé *Le juge administratif et l'urbanisme*[4]. La conclusion à laquelle le rapport aboutit est intéressante, car elle synthétise les difficultés de l'urbanisme actuel. En effet, « le contentieux actuel [...] se distingue aujourd'hui par certaines particularités procédurales [...] qui traduisent [...] la recherche d'un équilibre entre le droit de construire et le droit au recours contentieux »[5]. En effet, il est apparu qu'un trop grand libéralisme sur le droit au recours avait comme conséquence de bloquer un certain nombre d'opérations d'aménagement. Dans tous les cas, le recours contentieux a comme conséquence de retarder les opérations même si le requérant n'obtient pas gain de cause.

Dès lors, le contentieux administratif de l'urbanisme traduit la recherche d'un équilibre entre le développement de la construction et le droit au recours. Placé sous le contrôle du juge constitutionnel, cet équilibre s'avère évolutif, ainsi que l'ont montré différents rapports[6], qui ont conduit à plusieurs évolutions de l'office du

4. Conseil d'État, *Le juge administratif et l'urbanisme*, mis en ligne le 25 mai 2016.

5. *Ibidem*.

6. Conseil d'État, section du rapport et des études, *L'urbanisme : pour un droit plus efficace*, 1992 ; P. PELLETIER, *Propositions pour une meilleure sécurité juridique des autorisations d'urbanisme*, 2005 ; D. LABETOULLE, *Construction et droit au recours, pour un meilleur équilibre*, 2013.

juge. Il en résulte aujourd'hui une singularisation croissante de ce contentieux, un « particularisme [...] très marqué »[7]. Sans nécessairement constituer un « contentieux administratif spécial »[8], il s'avère néanmoins original sur plusieurs aspects.

Dresser un bilan jurisprudentiel d'une année de contentieux de droit de l'urbanisme est loin d'être une tâche facile. En effet, à bien y regarder le contentieux de l'urbanisme est vaste et les décisions peuvent se révéler intéressantes, quelle que soit l'étape de la procédure étudiée. Le flux de décisions est tel qu'il rend le travail exhaustif vain et, à ce dernier, on a préféré une approche sélective qui permet de dégager des problématiques, qui tout en n'étant pas propres au droit de l'urbanisme, revêtent un intérêt singulier pour ce contentieux et la matière en cause.

L'examen jurisprudentiel du cru 2015 fait émerger deux questions qui ont retenu notre attention celle de l'indépendance des législations et celle de la sécurité juridique. En fait, ce choix s'est imposé comme celui de problématiques qui sont essentielles au droit de l'urbanisme tant ce dernier est devenu complexe, fragile et dépendant d'autres législations, notamment de celle de l'environnement. La refonte et la recodification du Code de l'urbanisme sont une illustration de la nécessité de simplifier l'accès à ce droit en le rendant plus lisible et intelligible.

À une longue liste de décisions, il a été préféré une mise en perspective par rapport aux questionnements qui traversent le contentieux de l'urbanisme et la matière tout entière.

---

7. D. LABETOULLE, *Construction et droit au recours, pour un meilleur équilibre*, 2013.

8. Ch. DEBOUY, « Vingt ans de réformes depuis la loi Bosson : construction d'un contentieux administratif spécial de l'urbanisme ? », *JCP A*, n° 29, 21 juillet 2014, p. 2233.

I. L'indépendance des législations

La question de l'indépendance des législations concerne particulièrement le droit de l'urbanisme et plus précisément ses relations avec le droit de l'environnement tant les relations d'interdépendance, voire de dépendance, ont une propension à se multiplier depuis les lois Grenelle.

A. Les plans de prévention des risques naturels et prévisibles

Une question a mobilisé un nombre important de décisions, c'est celle des plans de prévention des risques naturels et prévisibles. Le premier arrêt, *Mme B.*, rendu le 17 juin 2015, dispose qu'un maire peut parfaitement refuser de délivrer un permis de construire en cas d'atteinte à la sécurité publique, même si le terrain d'assiette du projet n'est pas classé en zone à risques. Le juge réaffirme la prééminence des considérations d'urbanisme dans la mise en œuvre d'un document d'urbanisme et la délivrance de l'autorisation d'urbanisme subséquente, et cela, par rapport à la législation environnementale, représentée ici par le plan de prévention des risques.

Une deuxième espèce du Conseil d'État, en date du 13 février 2015, concerne la Polynésie française. La décision précise la portée des plans de prévention des risques naturels et considère qu'ils sont susceptibles d'avoir une incidence sur l'environnement au sens de l'article 7 de la Charte de l'environnement pour l'approbation et la révision de ces plans. En effet, aucune procédure de participation mettant en œuvre l'article 7 de la Charte susmentionnée n'est ici prévue. L'Assemblée de la Polynésie française a méconnu l'étendue de sa compétence au regard de cet article 7. La loi de pays est ainsi contraire à la Charte de l'environnement et ignore le principe de participation. La loi du pays est donc contraire à la Constitution.

Une décision de la CAA de Bordeaux en date du 6 octobre 2015, *Préfet de la Charente-Maritime c/Commune des Portes-en-Ré,* réaffirme là aussi clairement l'indépendance du droit de l'urbanisme par rapport à celui de l'environnement. Selon le juge, l'existence d'un plan de prévention des risques naturels n'interdit pas à l'autorité d'urbanisme compétente de refuser un permis de construire sur le fondement de l'article R. 111-2 du Code de l'urbanisme lorsque la construction projetée est de nature à porter atteinte à la salubrité ou à la sécurité publique. En outre, l'autorité doit alors tenir compte de la probabilité de réalisation de ces risques et de la gravité de leurs conséquences[9].

Enfin, une espèce du 15 février 2016, *M. B.*, résume la question et reprend la solution posée dans la décision précédente. M. B. s'est vu refuser un permis de construire sur la base de risques d'atteinte à la salubrité ou à la sécurité publique. Le Conseil d'État réaffirme l'indépendance des législations. Il estime que les plans de prévention des risques naturels prévisibles approuvés valant servitude d'utilité publique s'imposent directement aux autorisations de construire. Cependant, l'autorité compétente peut également refuser de délivrer un permis de construire alors même que le terrain d'assiette de l'autorisation n'aurait pas été classé en zone à risques ni prévu de prescriptions particulières si les risques d'atteinte à la salubrité ou à la sécurité publique le justifient. L'autorité pourra donc refuser « de délivrer un permis de construire, alors même que le plan n'aurait pas classé le terrain d'assiette du projet en zone à risques »[10].

Ces plans de prévention des risques mettent en valeur, en quelque sorte, l'indépendance du droit de l'urbanisme dont on pouvait douter depuis l'adoption des lois Grenelle de l'environnement en 2009 et 2010, tant les contraintes environnementales pesant sur l'urbanisme avaient été renforcées. Sur d'autres outils, l'indépendance a été réaffirmée.

---

9. Pour un commentaire de la décision : J. Martin, *AJDA*, n° 9/2016, p. 504-508.

10. CE 15 février 2016, n° 389103.

B. Une indépendance des législations affermie

Il sera ici question des projets d'intérêt général et des études d'impact.

Une première espèce du Conseil d'État du 30 mars 2015, *Société SITA Île-de-France*, revêt plusieurs intérêts. Tout d'abord, parce qu'elle illustre et précise le régime juridique des projets d'intérêt général (PIG) alors même qu'il y a très peu de décisions sur cet instrument d'intervention local aux mains de l'État.

Dans cette décision, le juge apporte une limite aux auteurs de documents d'urbanisme en raison de ce que le préfet peut déclarer un PIG en vue de sa prise en compte dans un document d'urbanisme. Ainsi, la décision s'impose aux auteurs du document d'urbanisme qui doit être modifié, au besoin, pour permettre la réalisation du projet, à défaut le préfet peut faire usage de son pouvoir de substitution[11].

En fait, l'arrêt précise que la décision reconnaissant la qualité de PIG à un projet de centre de déchets ultimes n'est pas au nombre des décisions prises dans le domaine de l'élimination des déchets dont l'article L. 541-15 du Code de l'environnement prévoit qu'elles doivent être compatibles avec le plan départemental, interdépartemental ou régional d'élimination des déchets ménagers et autres déchets. L'indépendance des législations en est la raison. En effet, la qualification de PIG a juste pour objet d'imposer sa prise en compte par les documents locaux d'urbanisme. Cela ne signifie pas que les décisions ultérieures concernant un tel projet, ne serait-ce que l'autorisation d'exploitation, ne devront pas être compatibles avec un tel plan.

Un autre arrêt du Conseil d'État en date du 25 février 2015, *Communauté d'agglomération de Mantes-en-Yvelines*, concerne les études d'impact et permet là aussi d'illustrer l'indépendance des législations. La communauté d'agglomération exploite une station

11. X. De Lesquen, conclusions sur CE 30 mars 2015, *Soc. SITA Île-de-France*, req. n° 375117, publiées au *BJDU*, n° 4/2015, p. 242-248.

d'épuration à Rosny-sur-Seine et décide d'un important programme de travaux. C'est le permis de construire délivré en 2009 qui fait l'objet du recours. Ici, le Conseil d'État choisit de faire une lecture stricte de l'article R. 431-16 en jugeant que parmi les projets visés par les dispositions du Code de l'environnement relatives aux études d'impact, seuls les projets qui ne relèvent que d'une autorisation d'urbanisme imposent de produire cette étude d'impact dans le dossier de demande de permis de construire.

La décision rétablit une séparation claire entre urbanisme et environnement. La solution de cet arrêt sécurise les autorisations d'urbanisme des grands projets qui ne sont pas seulement soumis à autorisation d'urbanisme, mais dont les autorisations ne pourront plus être contestées sur ce point. La décision est importante parce qu'elle réaffirme le principe d'indépendance brouillé ces dernières années. De plus, cette décision illustre à merveille la problématique mise en valeur dans le dossier thématique sur la confrontation entre aménagement et droit au recours en matière de contentieux d'urbanisme[12].

De manière générale, cette tension entre le droit de construire et le droit au recours illustre une autre problématique loin d'être propre au droit de l'urbanisme, celle de la sécurité juridique qui interroge le droit en général.

II. La sécurité juridique

Préoccupation majeure pour le législateur, le juge et le justiciable, la sécurité juridique. L'année 2015 a apporté quelques décisions intéressantes en la matière. De manière chronologique seront d'abord présentées les décisions relatives aux documents, puis celles relatives aux autorisations d'urbanisme.

12. CE, *op. cit.*, mai 2016.

A. À l'égard des documents d'urbanisme

Le premier arrêt du Conseil d'État est en date du 27 juillet 2015, *Département du Gard*. L'espèce vient clore un feuilleton juridictionnel qui a vu l'annulation successive de trois déclarations d'utilité publique (DUP) en 2000, 2003 et 2008. La requérante, une association de propriétaires, a attaqué une déviation de la route départementale reliant Nîmes à Vigan. La déviation envisagée par le département devait traverser une zone naturelle, et la cour d'appel a considéré que l'opération était incompatible avec le POS, et que, faute de mise en compatibilité, la DUP était illégale.

Selon l'article L. 123-16 du Code de l'urbanisme, une DUP qui n'est pas compatible avec les dispositions d'un PLU ou d'un POS ne peut intervenir que si est mise en œuvre la procédure de mise en compatibilité qu'il prévoit. Le Conseil d'État confirme la position de la cour, et rappelle les conditions de compatibilité avec un POS, à savoir que la DUP ne soit pas de nature à compromettre le parti d'aménagement retenu par la commune dans ce plan et qu'elle ne méconnaisse pas les dispositions du règlement de la zone du plan dans laquelle sa réalisation est prévue.

Le juge considère que le projet en cause ne pouvait être compatible avec le POS de la commune et qu'il aurait dû faire l'objet d'une mise en compatibilité alors même que le projet de déviation ne concernait qu'une superficie de 4 ha sur une zone NC de près de 2 000 ha. La faible superficie du projet faisait d'ailleurs partie des arguments du département du Gard pour défendre la légalité de la DUP. Or, le Conseil d'État estime que la cour n'a pas commis d'erreur de droit et rejette le pourvoi du département[13].

13. CE 27 juillet 2015, *Département du Gard*, req nº 370454 ; *BJDU*, 6/2015, p. 401-407.

La décision établit la nature du rapport de compatibilité entre l'opération déclarée d'utilité publique et le POS ou PLU. Le juge rappelle la solution selon laquelle deux critères sont fixés. D'une part, l'absence de contrariété avec le parti d'aménagement et, d'autre part, l'absence de méconnaissance des dispositions du règlement de la zone du plan en cause. Dans la mesure où l'autorisation des travaux a été rendue possible par la DUP, il faut quand même que le contrôle de compatibilité avec le POS ou PLU existe, faute de quoi, le document d'urbanisme ne sert à rien et la sécurité juridique est bafouée.

En matière de documents d'urbanisme, un second arrêt du Conseil d'État peut intégrer cet exposé. Il s'agit d'un arrêt *Association France Nature Environnement* du 26 juin 2015. L'association attaque un décret qui fixe la liste des projets de plans, schémas, programmes et documents de planification qui doivent (art. L. 122-4 du Code de l'environnement) faire l'objet d'une évaluation environnementale. Dans la liste, se trouvent notamment les plans de sauvegarde et de mise en valeur. L'entité chargée de l'évaluation environnementale doit bénéficier d'une autonomie effective par rapport à l'autorité compétente pour élaborer les plans et documents évalués.

Or, si sur le fond le Conseil d'État sursoit à statuer et pose une question préjudicielle à la CJUE, sur la question de l'autonomie effective de l'entité qui réalise l'évaluation, le décret du 2 mai 2002 a méconnu les exigences de la directive 2001/42/CE. Le juge administratif applique ici la jurisprudence *Seaport* de la CJUE en date du 20 octobre 2011. Dans la mesure où, suite à cette décision, de nombreux plans, programmes et actes pris sur le fondement de ce décret litigieux risquaient l'annulation, le gouvernement a adopté un nouveau texte assurant l'indépendance de l'autorité environnementale. Il s'agit du décret du 28 avril 2016 portant réforme de l'autorité environnementale.

B. À l'égard des autorisations d'urbanisme

Dans une décision du 18 février 2015, le Conseil d'État examine une question prioritaire de constitutionnalité (QPC), *Association de valorisation du quartier Paris Maillot-Dauphine*[14]. La QPC porte sur la constitutionnalité des permis précaires. Par définition, la précarité des autorisations d'urbanisme interroge la sécurité juridique et visent les constructions temporaires et les constructions nécessitant le secret pour des raisons de sûreté.

Pour la première fois depuis sa modification en 2005, le juge administratif donne le vade-mecum du permis précaire prévu aux articles L. 433-1 et suivants du Code de l'urbanisme. Le régime du permis précaire avait fait l'objet d'une redéfinition dans l'ordonnance du 8 décembre 2005 sans passer par un examen constitutionnel lors de la ratification de l'ordonnance dans le cadre de l'adoption de la loi portant engagement national pour le logement du 13 juillet 2006.

L'association requérante invoquait, à l'appui de sa demande, le principe d'égalité, le principe de prévention des atteintes à l'environnement comme l'article 34 de la Constitution. Le permis précaire autorise la dérogation à n'importe quelle règle de fond applicable au droit de construire et, à ce titre, et pour cette raison, l'interprétation menée par le Conseil d'État est stricte. Le juge estime que les arguments de fond ne sont pas suffisamment sérieux pour justifier une saisine du Conseil constitutionnel par le biais d'une QPC. C'est en présentant la procédure de recours au permis précaire que le juge écarte la QPC.

En effet, il estime que le dispositif est très encadré puisque le permis précaire doit rester exceptionnel et ne peut être accordé que si une double exigence est réunie. À savoir que les constructions doivent répondre à une nécessité caractérisée répondant à des motifs

---

14. CE 18 février 2015, *Association de valorisation du quartier Paris Maillot-Dauphine*, req n° 385959 ; *BJDU*, n° 3/2015, p. 180-186.

d'ordre économique, social, culturel ou d'aménagement. De plus, les constructions ne doivent pas déroger de manière disproportionnée aux règles d'urbanisme applicables. Cela va demander de la part de l'autorité compétente la réalisation d'un bilan pour éviter les cas d'erreur manifeste d'appréciation. Ces limitations rigoureuses des cas de permis précaires autorisent, selon le juge administratif, un respect des principes constitutionnels invoqués par l'association requérante.

Enfin, il est possible d'évoquer la question de l'annulation partielle des autorisations d'urbanisme qui renvoie également à notre conception de la sécurité juridique. L'occasion nous est donnée dans un arrêt du Conseil d'État du 13 mars 2015, *Mme Ciaudo*[15].

La décision *Ciaudo* constitue une amélioration appréciable des garanties des titulaires d'une autorisation d'urbanisme auxquels l'administration imposait une prescription. Le titulaire de l'autorisation peut demander l'annulation d'une ou de plusieurs prescriptions dont l'autorisation est assortie. Cependant, seul le bien-fondé des prescriptions peut être invoqué, mais surtout le requérant ne verra son action couronnée de succès que si le juge est convaincu que l'autorisation amputée de la prescription attaquée reste légale.

On le voit, les restrictions sont importantes, et une nouvelle jurisprudence va voir le jour, car le juge va devoir donner un effet utile à ce premier pas. La décision fait écrire à X. De Lesquen :

> « Un petit pas en avant pour le droit de l'urbanisme et un grand bond en puissance pour le droit administratif[16]. »

En effet, et si le juge de l'urbanisme se rapprochait du juge de plein contentieux ?

Indépendance des législations ou sécurité juridique n'ont été que des fils rouges pour cette année 2015 et n'ont pas permis d'épuiser la jurisprudence de ladite année.

---

15. CE 13 mars 2015, *Mme Ciaudo*, *BJDU*, n° 3/2015, p. 207-221.
16. *Ibidem*, p. 221.

La volonté, dans cet exposé, était juste de mettre en valeur des questions qui semblent prééminentes pour cette matière aussi sensible qu'est le droit de l'urbanisme. Discipline remarquable, et d'ailleurs saluée par le Conseil d'État, qui apporte un éclairage brillant sur le contentieux qui l'illustre.

LE CONTRÔLE DU FINANCEMENT DES ÉLECTIONS MUNICIPALES DE 2014

Jean-Luc Pissaloux
Professeur de droit public
Université de Bourgogne (à l'époque du colloque)
Vice-président du Conseil scientifique du GRALE

Le financement des campagnes électorales – en particulier des élections locales (régionales, départementales, municipales) – doit respecter un certain nombre de règles, qui font l'objet d'un (ou de) contrôle(s) par une autorité administrative indépendante, la Commission nationale des comptes de campagne et des financements politiques[1] et éventuellement en outre par le juge de l'élection.

S'agissant plus précisément des élections municipales, les règles de financement des campagnes électorales sont différentes selon la taille de la commune. Dans les communes de moins de 9 000 habitants, les candidats n'ont guère d'obligation ; en vérité, une seule règle leur est imposée, à savoir qu'ils ne peuvent pas recevoir de dons de personnes morales, à l'exception des partis ou groupements politiques ; mais, en contrepartie, ils ne peuvent également recevoir aucun remboursement public de leurs dépenses électorales. La situation est autre dans les communes de 9 000 habitants et plus, dans lesquelles les candidats doivent respecter, en vertu de la loi du

1. Dans la suite de cette étude, elle sera désignée, soit par son sigle, la « CNCCFP », soit par « la Commission ».

19 janvier 1995 sur le financement de la vie politique[2], un certain nombre de règles codifiées au Code électoral et considérées comme substantielles ; tout candidat doit en effet : ne pas dépasser le plafond des dépenses applicable à l'élection en cause (art. L. 52-11, C. élect.), désigner un mandataire financier (personne physique ou association de financement) et le déclarer en préfecture dès le début de la campagne électorale, mandataire financier qui doit ouvrir un compte bancaire unique retraçant – en recettes et en dépenses – les mouvements financiers du compte (art. L. 52-4 à L. 52-7, C. élect.), faire viser son compte par un expert-comptable (art. L. 52-12 al. 2, C. élect.), sauf si « aucune dépense ou recette ne figure au compte de campagne » (*idem*), déposer à la CNCCFP un compte en équilibre ou, éventuellement, en excédent, et fournir toutes les pièces justificatives de dépenses et de recettes (*ibid.*). Par ailleurs, dans les communes de 9 000 habitants et plus comme dans celles de moins de 9 000 habitants, les candidats sont soumis aux dispositions de l'article L. 52-8 du Code électoral, et en particulier à celles de son alinéa 2, en vertu duquel :

> « Les personnes morales, à l'exception des partis ou groupements politiques, ne peuvent participer au financement de la campagne électorale d'un candidat, ni en lui consentant des dons sous quelque forme que ce soit, ni en lui fournissant des biens, services ou autres avantages directs ou indirects à des prix inférieurs à ceux qui sont habituellement pratiqués. »

En matière d'élections municipales, le juge administratif peut donc être amené à contrôler les comptes de campagne des candidats dans les communes de 9 000 habitants et plus (I), et, éventuellement à prononcer des sanctions en cas de méconnaissance des règles substantielles relatives au financement des campagnes électorales (II). Les élections municipales de 2014 illustrent parfaitement ces deux points.

2. Loi n° 95-65 du 19 janvier 1995 sur le financement de la vie politique (*JORF* du 21 janvier 1995).

I. Le contrôle des comptes de campagne

Diverses dispositions du Code électoral relatives au financement des campagnes électorales ont été modifiées par la loi du 14 avril 2011 portant simplification de dispositions du Code électoral et relative à la transparence financière de la vie politique[3] ; cela a conduit le Conseil d'État à apporter des précisions sur, d'une part, la mission de la CNCCFP (A), et sur, d'autre part, le contrôle par le juge électoral de la décision de la CNCCFP (B), lorsqu'il est saisi par cette dernière en cas de rejet du compte.

A. Le contrôle de la mission de la CNCCFP

Liminairement, il convient de rappeler que le contrôle des dépenses de campagne s'applique pendant l'année qui précède l'élection. Aussi, s'agissant des élections municipales de 2014, tout candidat à ces élections dans une commune de 9 000 habitants et plus devait – depuis le 1er mars 2013 – commencer à comptabiliser l'ensemble des recettes perçues pour financer sa campagne ainsi que l'ensemble de ses dépenses électorales. Seul le mandataire financier peut recueillir les fonds (art. L. 52-4 al. 1 et art. L. 52-6 al. 6) et engager les dépenses de campagne (art. L. 52-4 al. 3). Après l'élection, les listes doivent déposer auprès de la CNCCFP leur compte de campagne, étant précisé que, depuis la loi précitée du 14 avril 2011, celles qui ont obtenu moins de 1 % des suffrages exprimés et qui n'ont reçu aucun don de personnes physiques sont dispensées de cette obligation (art. L. 52-12 al. 3). On l'a déjà mentionné, le compte de campagne doit être présenté à la CNCCFP par un membre de l'ordre des experts-comptables et des comptables agréés, lequel doit mettre le compte de campagne en état d'examen et s'assurer de la présence

3. Loi n° 2011-412 du 14 avril 2011 portant simplification de dispositions du Code électoral et relative à la transparence financière de la vie politique (*JORF* du 19 avril 2011).

des pièces justificatives requises (art. L. 52-12 al. 2)[4]. La CNCCFP approuve, rejette ou réforme les comptes présentés (art. L. 52-15 al. 1er) ; si le compte de campagne est approuvé par la CNCCFP, un remboursement forfaitaire est alors versé aux candidats ayant recueilli au moins 5 % des suffrages exprimés au premier tour de scrutin (art. L. 52-11-1 al. 1 et 2).

On mesure ainsi l'ampleur et l'importance du rôle exercé dans la mise en œuvre des règles relatives au financement des campagnes électorales par la CNCCFP, créée par la loi du 15 janvier 1990 relative à la limitation des dépenses électorales et à la clarification du financement des activités politiques[5], et érigée en 2003 en autorité administrative indépendante[6]. Cette Commission exerce en fait trois missions principales : elle s'assure du respect, par les formations politiques, de leurs obligations comptables ; elle contrôle les comptes de campagne des candidats aux élections ; et elle permet l'information des citoyens, en publiant les comptes de campagne des candidats et ceux des partis au *Journal officiel*.

En vertu de l'article L. 52-15 du Code électoral, la CNCCFP doit donc se prononcer sur le compte du candidat et, le cas échéant, saisir le juge de l'élection, cela dans un délai de six mois à compter du

4. Toujours aux termes de l'article L. 52-12 al. 2 du Code électoral, le compte doit être déposé au plus tard avant 18 heures le dixième vendredi suivant le premier tour de scrutin (soit, dans le cas des élections municipales de 2014, le 30 mai 2014 au plus tard).

5. Loi n° 90-55 du 15 janvier 1990 relative à la limitation des dépenses électorales et à la clarification du financement des activités politiques (*JORF* du 16 janvier 1990).

6. La composition et le fonctionnement de cette Commission font l'objet de l'article L. 52-14 du Code électoral, récemment modifié par l'ordonnance n° 2015-948 du 31 juillet 2015.

dépôt du compte (art. L. 52-15 al. 2) ; passé ce délai, les comptes sont réputés approuvés (même référence). Aux termes de l'arrêt *M. D* (CE 9 juill. 2015, req. n° 388767, MTRL[7]),

> « ce délai présente le caractère d'un délai franc et court à compter de la date de dépôt du compte lorsque celui-ci est effectué dans le délai prescrit ou à compter de la date d'expiration de ce délai, lorsque cette formalité n'est pas remplie ».

Le Conseil d'État a en outre précisé que la procédure contradictoire prévue par l'alinéa 1er de l'article L. 52-15 du Code électoral ne concerne que les cas où la CNCCFP rejette ou réforme un compte de campagne déposé conformément aux dispositions de l'article L. 52-12 du Code électoral et non celui de l'absence de dépôt du compte (CE 14 sept. 2015, *M. C*)[8].

Par ailleurs, si la Commission est tenue d'informer un candidat des motifs pour lesquels elle envisage de rejeter son compte, ce qui laisse à ce candidat la possibilité de régulariser sa situation[9],

7. MTRL : décision mentionnée aux tables du Recueil Lebon.

8. CE 14 sept. 2015, *M. C*, req. n° 385534, MTRL ; *AJDA* 2015, p. 1670.

9. Aux termes de l'arrêt *M. X* (CE 29 juill. 2002, req. n° 239995, MTRL ; *AJDA* 2002, p. 1352), c'est à tort que la commission nationale des comptes de campagne et des financements politiques rejette les comptes de campagne d'un candidat qui, n'ayant pas tout d'abord présenté ses comptes par l'intermédiaire d'un membre de l'ordre des experts-comptables et des comptables agréés, en méconnaissance des dispositions de l'article L. 52-12 du Code électoral, a fait parvenir à la commission, après avoir été invité par elle à régulariser sa situation, une copie de ses comptes visée par une société d'expertise comptable : pour la Haute Juridiction, « la circonstance que ces documents soient parvenus à la commission après l'expiration du délai de huit jours indiqué sur les courriers adressés au candidat est à cet égard sans incidence sur le respect par l'intéressé de la procédure contradictoire dès lors que les pièces réclamées ont été reçues avant la date des décisions par lesquelles la commission a statué sur les comptes de campagne de l'intéressé ».

elle n'est cependant pas contrainte, eu égard aux délais qui lui sont impartis pour statuer, d'entendre les observations orales du candidat (CE 6 mai 2015, *Mme C*)[10].

B. Le contrôle de la décision de la CNCCFP – l'office du juge électoral

L'analyse de la jurisprudence rendue à l'occasion des élections municipales de 2014 et en particulier de celle relative plus spécifiquement à la question du financement de la campagne électorale montre que le juge administratif s'interroge d'abord sur la régularité de la décision de rejet du compte de campagne du candidat par la CNCCFP (1) ; il s'intéresse aussi tout particulièrement aux dépenses effectuées directement par les candidats (2) et à la question des dons des personnes morales interdits à l'exception de ceux des partis politiques (3).

1. Sur la régularité de la décision de rejet du compte par la CNCCFP

Lorsque la Commission, après avoir rejeté le compte d'un candidat, saisit régulièrement le juge de l'élection, cette saisine conduit nécessairement celui-ci à rappeler les motifs de ce rejet, avant de se prononcer sur l'inéligibilité du candidat dont le compte de campagne a ainsi été rejeté, et de le déclarer inéligible dans le cas où il a commis un manquement d'une particulière gravité aux règles relatives au financement des campagnes électorales (voir *infra*, II) ; en revanche,

10. CE 6 mai 2015, *Mme C*, req. n° 385865, MTRL. Selon cet arrêt : « Si ces dispositions (celles des articles L. 52-15 et L. 118-2 du Code électoral) imposent à la Commission nationale des comptes de campagne et des financements politiques, avant de rejeter ou de réformer un compte de campagne, de mettre le candidat à même de présenter des observations écrites sur les manquements qui lui sont reprochés, elles n'imposent pas à la Commission, eu égard aux délais qui lui sont impartis pour statuer, d'entendre les observations orales du candidat ».

il ne relève pas de l'office du juge de l'élection de statuer sur le bien-fondé du rejet de ce compte en l'absence de moyen soulevé en ce sens par le candidat. Cela est clairement énoncé dans l'arrêt *Jonemann*[11].

Cette jurisprudence confirme une jurisprudence antérieure, notamment l'arrêt *CNCCFP c/M. B*[12], aux termes duquel, lorsque la commission, après avoir rejeté le compte d'un candidat, saisit régulièrement le juge de l'élection, cette saisine conduit nécessairement le juge, avant de rechercher s'il y a lieu ou non de prononcer l'inéligibilité du candidat et – s'il s'agit d'un candidat proclamé élu – d'annuler son élection ou de le déclarer démissionnaire d'office, à apprécier si le compte de campagne a été rejeté à bon droit ou non par la Commission.

Si le juge de l'élection estime que le compte n'a pas été rejeté à bon droit et qu'il aurait dû être validé tel quel ou après réformation, il lui appartient alors, qu'il soit ou non saisi de conclusions en ce sens, de fixer le montant du remboursement dû par l'État au candidat, sans qu'il puisse toutefois ordonner au candidat de rembourser des sommes qu'il aurait déjà perçues à ce titre (voir CE 19 juin 2013, *CNCCFP c/M. B*, préc.)[13].

En revanche, si le juge de l'élection estime que le compte de campagne a été rejeté à bon droit, ce qui fait dès lors obstacle à ce que le candidat obtienne le remboursement des dépenses retracées dans son compte, il doit le déclarer dans son dispositif, et doit rechercher s'il y a lieu de prononcer également une sanction d'inéligibilité (voir *infra*, II).

---

11. CE 12 mai 2014, *Jonemann,* req. n° 374730, MTRL ; *AJDA* 2014, p. 1007.

12. CE 19 juin 2013, *CNCCFP c/M. B,* req. n° 356862, PRL ; *AJDA* 2013, p. 1301.

PRL : décision publiée au *Recueil Lebon.*

13. On peut également ajouter, dans le même sens, les arrêts suivants antérieurs aux élections municipales de 2014 : CE 23 juillet 2012, *Chevrot*, req. n° 356623, PRL ; *AJDA* 2012, p. 1481 ; 5 juin 2013, *CNCCFP*, req. n° 363936, MTRL ; *AJDA* 2013, p. 1193.

L'étude de la jurisprudence montre que l'existence de quelques dépenses non déclarées ou irrégulières (comme un don prohibé par l'article L. 52-8 du Code électoral) n'entraîne pas automatiquement le rejet du compte si ces dépenses s'avèrent très limitées au regard de l'ensemble des dépenses du candidat et du plafond autorisé (jusqu'à environ 5 %), et qu'elle n'entraîne pas un dépassement du plafond des dépenses électorales, ou seulement un dépassement très léger (CE 6 juill. 2015, *CNCCFP c/M. A*)[14].

La rédaction de l'alinéa 3 de l'article L. 52-11-1 du Code électoral peut en outre permettre de « réduire le montant du remboursement forfaitaire[15] en fonction du nombre et de la gravité de ces irrégularités ». Deux modalités peuvent dès lors être mises en œuvre par le juge de l'élection : soit il retranche du remboursement le montant des dépenses irrégulières (voir CE 9 juill. 2015, *M. D*, préc.) ; soit il défalque du remboursement un montant forfaitaire (CE 17 juin 2015, *CNCCFP c/M. A*)[16].

14. CE 6 juill. 2015, *CNCCFP c/M. A*, req. n° 388272, IRL. Voir l'extrait suivant de cet arrêt : « Considérant [...] qu'il résulte toutefois de l'instruction, et n'est pas contesté, que le don perçu par M. Milani s'élevait à la somme de 600 euros ; qu'eu égard au caractère limité de ce don, qui représentait seulement 1,4 % des recettes retracées dans le compte de campagne et 1,06 % du plafond des dépenses autorisées, ni la perception de celui-ci, ni l'insincérité du compte de campagne résultant de son absence de comptabilisation, n'était, dans les circonstances de l'espèce, de nature à justifier le rejet du compte par la Commission nationale des comptes de campagne et des financements politiques ; »
IRL : décision inédite au *Recueil Lebon*.

15. Rappelons en effet qu'en vertu de la première phrase de l'alinéa 1er de l'article L. 52-11-1 du Code électoral, « Les dépenses électorales des candidats aux élections auxquelles l'article L. 52-4 est applicable font l'objet d'un remboursement forfaitaire de la part de l'État égal à 47,5 % de leur plafond de dépenses ».

16. CE 17 juin 2015, *CNCCFP c/M. A*, req. n° 386535, MTRL ; *AJDA* 2015, p. 1245. Dans cette affaire, le juge de l'élection a, eu égard à l'irrégularité commise, réduit sur le fondement du dernier alinéa de l'article L. 52-11-1 le montant du remboursement forfaitaire de la somme de 1 000 euros.

2. De la confirmation de la jurisprudence relative aux dépenses effectuées directement par les candidats

À l'occasion du contentieux relatif au financement des campagnes municipales de 2014, le Conseil d'État a par ailleurs confirmé sa jurisprudence sur les dépenses effectuées directement par le candidat tête de liste ou par ses colistiers :

> « Si le règlement de menues dépenses par le candidat peut être admis, c'est à la condition que leur montant soit faible par rapport au total des dépenses du compte de campagne et négligeable au regard du plafond des dépenses autorisées » (CE 17 juin 2015, *M. C*)[17].

Mais, comme l'énonce expressément cet arrêt,

> « si, par dérogation à la formalité substantielle que constitue l'obligation de recourir à un mandataire pour toute dépense effectuée en vue de sa campagne, le règlement direct de menues dépenses par le candidat peut être admis, ce n'est qu'à la double condition que leur montant soit faible par rapport au total des dépenses du compte de campagne et négligeable au regard du plafond de dépenses autorisées, fixé par l'article L. 52-11 du Code électoral » ;

ce qui, en l'espèce, eu égard au niveau des dépenses litigieuses, a conduit la Haute Juridiction à confirmer le rejet du compte du candidat en raison de dépenses d'impression, de frais postaux ou de nourriture réglées directement par le candidat.

Il arrive bien souvent que les candidats plaident leur bonne foi, l'urgence ou encore le fait qu'ils ont régularisé la situation : en vérité, ces circonstances sont plutôt prises en compte pour apprécier s'il y a lieu de prononcer une sanction d'inéligibilité que pour l'examen du compte de campagne (voir CE 12 mai 2014, *Jonemann*, préc.)[18].

---

17. CE 17 juin 2015, *M. C*, req. n° 387197, IRL.

18. Dans l'arrêt *Jonemann* (CE 12 mai 2014, req. n° 374730, préc.), les dépenses directement réglées par le candidat sans recourir à un mandataire financier n'étaient ni faibles par rapport au total des dépenses du compte de campagne, ni négligeables au regard du plafond de dépenses autorisées ; aussi, compte tenu des montants

3. Sur la prohibition des dons des personnes morales (à l'exception des partis politiques)

La prohibition des dons des personnes morales, à l'exception des partis politiques, et l'encadrement des dons des personnes physiques (voir art. L. 52-8 du Code électoral), constituent à l'évidence l'une des règles le plus souvent bafouées et donnant lieu dès lors à un contentieux nourri : les élections municipales de 2014, et le contentieux qu'elles ont suscité sur la question du financement l'ont une nouvelle fois démontré.

Au regard de décisions prononcées par le Conseil d'État, ont ainsi été jugés irréguliers : l'utilisation par un maire sortant, candidat à sa réélection, « des moyens de la commune pour solliciter la faveur des électeurs » par la « distribution d'arbres fruitiers » ou le maintien « d'un avantage injustifié consenti à cent soixante-cinq abonnés du service d'eau » (CE 1er oct. 2014, *El. mun. de Cilaos*, req. nº 383557, MTRL) ; l'usage de clichés photographiques appartenant à la photothèque de mairie (CE 13 mai 2015, *El. mun. de Woippy*, req. nº 385948, IRL) ; l'utilisation de publications de propagande électorale financées par la commune du maire sortant, candidat à sa réélection, initialement imprimées et diffusées par une autre institution publique (CE 13 mai 2015, *El. mun. de Woippy*, préc.) ou l'utilisation de publications éditées par des imprimeurs privés acceptant de se financer sur les ventes des espaces publicitaires de la publication (CE 17 avr. 2015, *Lepidi*, req. nº 385963, MTRL ; *AJDA* 2015, p. 787) ; l'absence de facturation d'honoraires par l'agent immobilier des locaux de campagne loués par un candidat (CE 6 juill. 2015, *CNCCFP c/M. A*, préc.) ; les concours (soit en nature par la mise à la disposition d'un local soit par le biais du règlement de dépenses de campagne) apportés par une association d'un parti national, mais qui ne relève pas elle-même des articles 8, 9 et 9-1

---

en cause et des circonstances de l'espèce, le candidat a-t-il été regardé comme ayant commis un manquement d'une particulière gravité aux règles relatives au financement des campagnes électorales.

de la loi du 11 mars 1988 relative à la transparence financière de la vie politique (CE 10 juill. 2015, *CNCCFP c/M. B*, req. nº 388623, IRL) ; l'utilisation des indemnités et avantages en nature octroyés par les assemblées parlementaires à leur membre pour couvrir des frais de campagne (CE 22 juill. 2015, *Benisti*, req. nº 388442, MTRL ; *AJDA* 2015, p. 1511).

Le juge de l'élection peut tenir compte de la bonne foi du candidat et des régularisations auxquelles il a lui-même procédé, tout en estimant que le candidat doit en principe connaître les règles et que sa négligence est fautive, comme le considère l'arrêt *CNCCFP c/M. A* précité (CE 17 juin 2015, req. nº 386535 : cas d'un candidat ayant omis dans son compte de campagne le loyer de sa permanence électorale, loyer s'élevant à 2 000 euros et représentant près de 14 % des dépenses déclarées et 10 % du plafond, mais ayant spontanément déclaré cette dépense après le dépôt du compte, étant encore précisé que le compte demeurait restait excédentaire et inférieur au plafond).

II. Le prononcé d'une sanction en cas de méconnaissance des règles de financement

Les sanctions susceptibles d'être prononcées par le juge de l'élection en cas de méconnaissance des règles de financement sont énoncées aux articles L. 118 et suivants du Code électoral, articles relevant du Chapitre VIII « Contentieux » du Titre Ier « Dispositions communes à l'élection des députés, des conseillers départementaux, des conseillers municipaux et des conseillers communautaires » au sein du Livre Ier « Élection des députés, des conseillers départementaux, des conseillers municipaux et des conseillers communautaires » du Code électoral. Ces sanctions ont été redéfinies par la loi précitée du 14 avril 2011 : celle-ci a notamment tempéré la sévérité de l'article L. 118-3 du Code électoral, fixant les sanctions prononcées par le juge de l'élection lorsqu'il est saisi par la CNCCFP, et a créé l'article L. 118-4, qui attribue audit juge le pouvoir de sanctionner les auteurs de manœuvres[19].

A. Les critères retenus pour justifier une sanction

Rappelons la teneur de l'article L. 118-3 :

> « Saisi par la commission instituée par l'article L. 52-14, le juge de l'élection peut prononcer l'inéligibilité du candidat dont le compte de campagne, le cas échéant après réformation, fait apparaître un dépassement du plafond des dépenses électorales. En cas de scrutin binominal, l'inéligibilité porte sur les deux candidats du même binôme.
>
> Saisi dans les mêmes conditions, le juge de l'élection peut prononcer l'inéligibilité du candidat ou des membres du binôme de candidats qui n'a pas déposé son compte de campagne dans les conditions et le délai prescrits à l'article L. 52-12.
>
> Il prononce également l'inéligibilité du candidat ou des membres du binôme de candidats dont le compte de campagne a été rejeté à bon droit en cas de volonté de fraude ou de manquement d'une particulière gravité aux règles relatives au financement des campagnes électorales.
>
> L'inéligibilité prévue aux trois premiers alinéas du présent article est prononcée pour une durée maximale de trois ans et s'applique à toutes les élections. Toutefois, elle n'a pas d'effet sur les mandats acquis antérieurement à la date de la décision.
>
> Si le juge de l'élection a prononcé l'inéligibilité d'un candidat ou des membres d'un binôme proclamé élu, il annule son élection ou, si l'élection n'a pas été contestée, déclare le candidat ou les membres du binôme démissionnaires d'office. »

Cet article prévoit donc, que dans certaines hypothèses (voir al. 1 et 2), le juge de l'élection, saisi par la CNCCFP, peut, c'est donc une faculté et non une obligation, prononcer l'inéligibilité du candidat. Par ailleurs, aux termes de l'alinéa 3 dudit article, il prononce

19. Dans les deux cas, le juge électoral peut prononcer une inéligibilité pouvant aller jusqu'à trois ans et s'appliquant à toutes les élections.

l'inéligibilité du candidat dont le compte de campagne a été rejeté à bon droit « en cas de volonté de fraude ou de manquement d'une particulière gravité aux règles relatives au financement des campagnes électorales ».

Avant même le contentieux suscité par les élections municipales de 2014, le Conseil d'État avait été amené, dans l'arrêt d'Assemblée *Élections régionales d'Île-de-France*[20] à interpréter ces dispositions. En vertu de cette décision, en dehors des cas de fraude, le juge de l'élection ne prononce (en d'autres termes, l'indicatif valant impératif en droit, ne doit prononcer) l'inéligibilité d'un candidat que s'il constate un manquement d'une particulière gravité aux règles de financement des campagnes électorales ; et pour déterminer si un manquement est d'une particulière gravité au sens de ces dispositions, il incombe au juge de l'élection d'apprécier, d'une part, s'il s'agit d'un manquement caractérisé à une règle substantielle relative au financement des campagnes électorales, et, d'autre part, si ce manquement présente un caractère délibéré.

Tels sont, en quelque sorte, les critères généraux à mettre en œuvre pour justifier et prononcer une sanction.

Mais, à côté de ces critères généraux, le juge de l'élection peut être amené à mettre en œuvre d'autres critères spécifiques selon la nature du manquement.

Ainsi, en cas de manquement aux dispositions de l'article L. 52-4 (obligation de recourir à un mandataire financier pour régler les dépenses engagées en vue de l'élection), « il incombe au juge de tenir compte de l'existence éventuelle d'autres motifs d'irrégularité du compte, du montant des sommes en cause ainsi que de l'ensemble des circonstances de l'espèce » (CE 12 mai 2014, *Jonemann*, préc.).

20. CE Ass., 4 juill. 2011, *Élections régionales d'Île-de-France*, req. nº 338033, PRL, *Rec.* p. 317 ; *AJDA* 2011, p. 1353 ; *RFDA* 2011, p. 723, obs. P. Türk.

En cas de manquement à l'article L. 52-8 (prohibition des dons des personnes morales, à l'exception de ceux des partis politiques),

> « il incombe, en outre, au juge de tenir compte de l'importance de l'avantage ou du don irrégulièrement consenti et de rechercher si, compte tenu de l'ensemble des circonstances de l'espèce, il a été susceptible de porter atteinte, de manière sensible, à l'égalité entre les candidats » (CE Ass., 4 juill. 2011, *Élections régionales d'Île-de-France*, préc.).

Cela étant, l'on constate une mise en œuvre mesurée et modulée de ces critères par le juge de l'élection.

B. Une mise en œuvre mesurée et modulée des critères par le juge électoral

La jurisprudence rendue par le Conseil d'État montre que celui-ci met en œuvre de façon mesurée et modulée les critères généraux et particuliers précédemment dégagés, et qu'il se fonde sur une analyse *in concreto* des circonstances de l'espèce.

1. Cas de manquements aux dispositions de l'article L. 52-4 du Code électoral

À titre d'exemple, le Conseil d'État a jugé qu'un manquement à l'article L. 52-4 était d'une particulière gravité dans le cas où avaient été directement réglées des dépenses représentant 55 % du montant des dépenses à caractère électoral et 14 % du plafond des dépenses, en considérant que l'urgence invoquée n'était pas démontrée et que l'impossibilité pour le mandataire d'obtenir un chéquier ne concernait en vérité que quelques factures (arrêt *Jonemann* préc.) ; il s'est prononcé dans le même sens dans une affaire où les sommes litigieuses représentaient 40 % des dépenses électorales et 16 % du plafond de dépenses, en considérant que la circonstance que le candidat se présentait pour la première fois à une élection et sans le soutien d'un parti politique ne retirait pas à ce manquement aux règles relatives au financement des campagnes électorales son caractère de particulière gravité (CE 17 juin 2015, *M. B*, req. n° 388430, IRL).

En revanche, la Haute Juridiction a écarté la particulière gravité de nature à justifier l'inéligibilité du candidat dans le cas où les dépenses réglées étaient d'un montant limité et avaient été pour partie régularisées avant le dépôt du compte, et où, au demeurant, celui-ci ne faisait pas apparaître d'autres irrégularités de nature à justifier une déclaration d'inéligibilité (CE 17 juin 2015, *M. C*, IRL préc.).

2. Cas de manquements aux dispositions de divers autres articles du Code électoral (L. 52-5, L. 52-8, L. 52-12)

En la matière, certains manquements à diverses dispositions du Code électoral peuvent être considérés comme n'étant pas d'une particulière gravité alors que d'autres seront sanctionnés en raison précisément de leur particulière gravité.

a. Les manquements considérés comme n'étant pas d'une particulière gravité

S'agissant de manquements à l'article L. 52-8 consistant en des publications valorisant l'action de la commune ou d'un candidat, le Conseil d'État a écarté – à de nombreuses reprises – la particulière gravité, et cela en s'appuyant sur divers éléments : la date de parution de la publication litigieuse éloignée de celle de l'élection (cas en particulier d'une publication intervenue au tout début de la période d'un an prévue par l'article L. 52-4 du Code électoral, et pouvant même en outre être intervenue à une date où la candidature était encore hypothétique compte tenu du contexte électoral local) ; le caractère restreint de la diffusion et le contenu de cette publication (son impact est évidemment considéré comme moindre lorsqu'elle valorise l'action de la commune plutôt que directement un candidat) ; le montant de l'avantage ainsi consenti à un candidat et la circonstance qu'il n'avait pas dès lors sensiblement porté atteinte à l'égalité entre candidats (CE 17 avr. 2015, *Lepidi*, préc. ; CE 6 mai 2015, *Mme C*, préc. ; CE 10 juin 2015, *CNCCFP c/M. C*, MTRL préc.)[21].

Aux termes de l'alinéa 2 de l'article L. 118-3, le juge de l'élection saisi par la CNCCFP peut prononcer l'inéligibilité du candidat ou des membres du binôme de candidats qui n'a pas déposé son compte de campagne dans les conditions et le délai prescrits à l'article L. 52-12. On l'a déjà souligné, il s'agit là d'une faculté et non d'une obligation pour le juge de l'élection, confronté à une incrimination objective, qu'il ne s'interdit pas cependant d'apprécier subjectivement comme le montre la jurisprudence rendue, et en particulier le considérant 5 de l'arrêt *M. B* (CE 17 avr. 2015, req. nº 385772, IRL ; *AJCT* 2015, p. 450, pratique M. Yazi-Roman) :

> « 5. Considérant, en troisième lieu, qu'il appartient au juge de l'élection, pour apprécier s'il y a lieu de faire usage de la faculté donnée par les dispositions de l'article L. 118-3 du Code électoral de déclarer inéligible un candidat qui n'a pas déposé son compte de campagne dans les conditions et délai prescrits à l'article L. 52-12, de tenir compte de la nature de la règle méconnue, du caractère délibéré ou non du manquement, de l'existence éventuelle d'autres motifs d'irrégularité du compte, du montant des sommes en cause ainsi que de l'ensemble des circonstances de l'espèce ; »

C'est pourquoi, en l'espèce, en dépit d'un compte en déficit, la Haute Juridiction a estimé

---

21. Le début du considérant 16 de l'arrêt *Mme C* précité (CE 6 mai 2015, req. nº 385865) résume bien la position du Conseil d'État en la matière : « 16. Considérant qu'il ne résulte pas de l'instruction, eu égard notamment à la date de parution des publications litigieuses, au caractère restreint de leur diffusion, au montant limité de l'avantage dont a bénéficié Mme C… et à la circonstance que cet avantage n'a pas été de nature à porter atteinte, de manière sensible, à l'égalité entre les candidats, que le manquement commis par la requérante ait revêtu, dans les circonstances de l'espèce, le caractère d'une particulière gravité requis par l'article L. 118-3 du Code électoral ; »

> qu'« il ne résult(ait) pas de l'instruction, eu égard notamment au montant peu élevé des sommes en cause et des motifs qui justifient ce déficit, que le manquement commis par le requérant ait été d'une particulière gravité, au sens de l'article L. 118-3 du Code électoral ».

Il apparaît également que le Conseil d'État fait en vérité une appréciation globale du critère de la particulière gravité lorsque sont en cause à la fois des manquements à l'article L. 52-12 (visé à l'alinéa 2 de l'article L. 118-3) et des manquements à d'autres dispositions du Code électoral (art. L. 52-4 et L. 52-6 en particulier). Il a ainsi jugé que l'omission de menues dépenses (frais de collation et de téléphone) dans le compte et l'acquittement par le candidat de dépenses d'un montant limité tant en valeur absolue qu'en pourcentage du montant global des dépenses du compte de campagne et du plafond des dépenses autorisées ne constituaient pas un manquement d'une particulière gravité (CE 29 mai 2015, *M. A*, req. n° 387350, IRL).

b. Les manquements considérés comme étant d'une particulière gravité

En revanche, des manquements aux articles L. 52-5 et L. 52-12 ont pu être jugés d'une particulière gravitant entraînant par là même l'inéligibilité des candidats en cause.

Ainsi, le Conseil d'État a jugé comme d'une particulière gravité le manquement à l'article L. 52-5 résultant de ce qu'un membre de la liste d'un candidat était également membre de l'association de financement le soutenant (CE 22 juin 2015, *Wilmotte*, PRL ; *AJDA* 2015, p. 1239)[22].

---

22. Cet arrêt *M. G* souligne, et c'est son autre intérêt, qu'en raison de l'effet suspensif de l'appel, l'inéligibilité prononcée en application de l'article L. 118-3 du Code électoral s'exécute à compter de la date à laquelle le jugement qui l'avait prononcée devient définitif, c'est-à-dire à la date de la décision du Conseil d'État rejetant l'appel du candidat en cause. En vertu de la seconde phrase du quatrième alinéa de cet article L. 118-3, l'inéligibilité n'a pas d'effet sur les mandats acquis antérieurement à la date de la décision du juge : l'inéligibilité à d'autres mandats

De même, dans l'hypothèse où un candidat n'avait pas déposé son compte de campagne dans le délai prévu par l'article L. 52-12 et où, en outre, près de la moitié de ses dépenses, représentant 42 % du plafond des dépenses, n'avaient pas été payées par son mandataire financier (CE 14 sept. 2015, *M. C*, préc.)[23], la Haute Juridiction a jugé que le candidat encourait la sanction d'inéligibilité prévue par l'alinéa 2 de l'article L. 118-3 du Code électoral.

La Haute Juridiction n'a pas hésité à mettre en œuvre les dispositions de l'alinéa 3 de cet article, et donc à prononcer l'inéligibilité d'un candidat, dont le compte de campagne présentait de très nombreuses irrégularités ayant justifié son rejet par la CNCCFP et constituant des manquements caractérisés à des règles substantielles relatives au financement des campagnes électorales, manquements qui « ne sauraient être justifiés ni par le climat politique tendu dans lequel se serait déroulée la campagne électorale ni par la circonstance que le candidat n'aurait pas été en mesure de nommer un mandataire financier suffisamment au fait des règles de financement des campagnes électorales » (CE 10 juill. 2015, *CNCCFP c/M. C*, req. nº 387989, IRL).

---

que celui en cause devant le juge de l'élection ne vaut que pour l'avenir. De sorte que, si l'inéligibilité d'un candidat aux élections municipales et communautaires est sans effet sur le mandat de conseiller départemental qu'il a par ailleurs obtenu, il doit être déclaré démissionnaire d'office des mandats de conseiller municipal, de maire et de conseiller communautaire issus des opérations électorales auxquelles il a été procédé dans le cadre d'une élection partielle postérieure à l'élection au titre de laquelle les manquements aux règles relatives aux comptes de campagne ont été constatés.

23. Cet arrêt montre, une fois de plus, que la Haute Juridiction met en œuvre une appréciation globale des circonstances de l'espèce. Par ailleurs, dans cette décision, le Conseil d'État fait application du principe de la *reformatio in pejus* en rappelant qu'« en application d'un principe général du droit des sanctions, une sanction infligée en première instance ne peut être aggravée sur le seul appel de la personne sanctionnée ».

***

*

L'analyse des décisions rendues à l'occasion des élections municipales de 2014 et relatives au financement de la campagne électorale montre que ces décisions s'inscrivent dans le prolongement de la jurisprudence antérieure tout en prenant en compte les innovations apportées par le législateur de 2011 ; il apparaît en outre que le juge de l'élection, tout en se montrant ferme sur le respect des règles considérées comme substantielles en matière de financement, met en œuvre une approche à la fois concrète, pragmatique et globale de toutes les circonstances de l'espèce litigieuse[24] : il s'agit toujours de distinguer au mieux, parmi les manquements aux règles essentielles, ceux qui ne sont pas d'une particulière gravité et ceux qui le sont et méritent en conséquence d'être sanctionnés ; ce qui paraît d'autant plus sage qu'en vérité, aux termes de diverses dispositions du Code électoral, le juge de l'élection ne dispose bien souvent que d'une faculté en la matière.

24. Cette observation rejoint, au demeurant, celle émise dans la conclusion générale de notre étude « Le juge administratif et les élections locales », Annuaire 2016 du GIS-GRALE-CNRS, *Droit et Gestion des Collectivités Territoriales*, éditions Le Moniteur, p. 207-228, septembre 2016, 739 p., qui traite du contentieux des élections locales à l'exception de la question du contrôle du financement des campagnes électorales.

LE JUGE ADMINISTRATIF ET L'INTÉRÊT PUBLIC LOCAL

Jean-Marie PONTIER

Professeur émérite de droit public
Université d'Aix-Marseille

L'intérêt public est la raison d'être du droit administratif : s'il n'y a pas d'intérêt public à préserver, il est inutile d'avoir un droit administratif. Dans la plupart des pays du monde – pour ne pas avoir à dire la totalité, la vérification étant impossible –, il y a reconnaissance d'un droit administratif, ceci ne présumant en rien de la manière dont, juridictionnellement, cet intérêt est contrôlé, préservé[1]. On peut penser que la notion d'intérêt public est liée à l'existence de l'État, ou de toute structure qui entend ou prétend dépasser les intérêts des individus et des groupes au sein d'une communauté humaine.

Si l'on s'en tient à la France, les choses sont assez claires : depuis plusieurs siècles, l'affirmation de l'intérêt public, sous la forme de l'intérêt général, est une constante de la pensée politique, et le droit

1. L'on peut s'interroger, et des réflexions ont effectivement lieu en ce sens, sur le point de savoir s'il y a unité du droit administratif, s'il y a un droit administratif mondial qui serait une sorte de plus petit commun dénominateur aux divers droits administratifs existants. Les points de vue sont à l'heure actuelle très partagés.

administratif qui s'est construit peu à peu a vocation à exprimer cet intérêt public, à le faire prévaloir sur les intérêts privés. L'intérêt général, qui ne peut, à l'évidence, être une notion purement administrative, a pris au fil du temps une dimension à la fois politique, idéologique, et même affective. Le droit administratif est cependant largement responsable de cette importance donnée à l'intérêt général qui en fait un véritable mythe[2]. Mais, en France, ce droit administratif revêt un caractère un peu particulier dans la mesure où il est largement, dans son élaboration historique, le produit du juge administratif. Il n'est pas utile de revenir sur les circonstances qui ont abouti à cette situation, et qui sont connues, il suffit d'observer le phénomène.

En France, l'intérêt public est d'abord entendu, compris, comme étant l'intérêt public national. Celui-ci découle, dans son existence comme dans son affirmation, de l'importance, très tôt acquise dans l'histoire par rapport à d'autres pays, de la nation et de l'État. Il est admis que l'État, ou l'État moderne si l'on préfère, est progressivement construit par la monarchie à partir du XIVe siècle, et que la nation, dont les prémisses sont manifestées, selon un certain nombre d'historiens, par Jeanne d'Arc, est réalisée au moment de la Révolution, avec la « Grande Nation »[3]. Quoi qu'il en soit, le juge administratif français, le Conseil d'État, va se présenter assez rapidement comme un défenseur de l'intérêt général, ses origines expliquant en partie cette attention à l'intérêt général. Le service

2. Comprenons ici le terme de mythe dans le sens de G. Sorel comme une idée-force, ce qui comporte des images, des représentations, mais est en même temps mobilisateur.

3. L'origine de l'expression « Grande Nation » est discutée. Certains estiment qu'elle est inventée par les poètes romantiques allemands (Goethe l'utilise en 1795), d'autres lui attribuent une origine impériale, avec Napoléon qui utilise effectivement l'expression dans plusieurs lettres.

public, invention du juge administratif avant d'être consacré par les textes[4], se définit fondamentalement par la finalité de l'action entreprise, l'intérêt général.

L'accent mis en France sur la nation, et tout ce qui lui est lié, notamment l'unité nationale, a laissé dans l'ombre, voire a occulté, oblitéré, l'intérêt public local. Les collectivités territoriales poursuivent-elles un intérêt public ? La réponse, positive, ne fait aujourd'hui aucun doute. Mais pendant plus d'un siècle, il n'en était guère question, on ne s'interrogeait pas sur ce point. Les collectivités territoriales – appelées, jusqu'en 2003, locales, ce qui est plus significatif pour notre problématique – étaient considérées comme des collectivités secondes, ce « secondes » étant interprété comme « secondaires ». Et il ne faut pas oublier que jusqu'au début du XIXe siècle certains émettent encore des doutes sur la nature publique de ces collectivités, nonobstant les textes qui, eux, sont clairs à partir de la Révolution. La prégnance de la référence à la nation a impliqué, jusqu'à une période récente, une certaine méfiance à l'égard des collectivités territoriales.

S'il n'est pas certain que cette méfiance ait totalement disparu, l'existence d'un intérêt public local est devenue incontestable. Mais si la notion d'intérêt public national peut être taxée de vague, combien plus la notion d'intérêt public local prête à débat ! L'analyse du contentieux administratif apporte un éclairage plus qu'utile pour répondre à cette interrogation. En effet, les collectivités territoriales étant, dans la conception française, des institutions administratives, les actes de leurs organes sont soumis au principe de légalité, lequel est d'abord assuré par le juge administratif. La notion d'intérêt public local est, tout au moins sur le plan juridique, d'abord celle qui découle

4. Il faut cependant ajouter que la doctrine a largement contribué, d'une part, à théoriser ce qui n'était pas pensé comme tel par le juge, d'autre part, à diffuser cette notion de service public.

de la jurisprudence administrative, il n'y a pas de loi définissant, et même prenant en compte cette notion. C'est donc la seule jurisprudence qui permet de l'éclairer.

Les deux notions d'intérêt général et d'intérêt public pourraient être considérées comme équivalentes, caractérisées toutes deux par une finalité qui est la même. Si l'on voulait cependant distinguer ou différencier, puisqu'il existe deux expressions[5], deux observations pourraient y aider.

D'une part, l'expression intérêt général est une expression générique, c'est elle qui est utilisée traditionnellement lorsque l'on parle des finalités de l'action administrative : celle-ci doit être commandée par l'intérêt général. Cette expression est d'autant plus utilisée, dans une perspective historique, que la seule collectivité considérée traditionnellement comme poursuivant l'intérêt général est l'État. La méfiance tout aussi traditionnelle à l'égard des collectivités locales jetait la suspicion sur leurs actions.

D'autre part, l'intérêt public, ou plus exactement les « intérêts publics » apparaissent comme une déclinaison de l'intérêt général. Celui-ci comporte l'intérêt public national et les différents « intérêts publics »[6] à l'échelon local, intérêt communal au premier chef, intérêt départemental et aujourd'hui sans doute intérêt régional. Ceci étant la terminologie n'est pas fixée dans la jurisprudence administrative, il arrive, ou il arrivait, que le juge parle de l'intérêt général poursuivi par

5. A. Lalande distingue très nettement les deux notions : « L'intérêt général est proprement l'ensemble des intérêts communs aux différents individus qui composent une société ; l'intérêt public, l'ensemble des intérêts de cette société en tant que telle » (*Vocabulaire technique et critique de la philosophie*).

6. Cette manière de s'exprimer n'est pas très élégante, mais elle est la seule qui permette de rendre compte de ce que sont les « intérêts publics » : il n'existe pas, à l'échelon communal, plusieurs intérêts publics, mais un seul, l'intérêt public communal, qui découle de la nature de l'action entreprise par la collectivité et des conditions de cette intervention. Il en est de même pour le département et pour la région.

une collectivité territoriale et non de l'intérêt public, par conséquent la distinction, pour justifiée qu'elle puisse être, n'est pas retenue ici. En revanche, un point retient l'attention, dans une perspective historique, le fait que l'intérêt public local a vu sa signification, sinon changer, du moins être prise en compte différemment aujourd'hui de ce qu'elle pouvait l'être au XIXe siècle.

I. La signification de l'intérêt public local

L'appréciation de l'intérêt public local par le juge s'insère tout naturellement dans le cadre du contrôle de la légalité. Mais ceci n'est possible que parce que les collectivités territoriales sont habilitées à intervenir dans un certain nombre de domaines.

A. L'intérêt public local conditionné par l'attribution par la loi de compétences et d'attributions

Pour que le juge puisse intervenir, contrôler l'action des collectivités territoriales, il faut qu'existent des textes reconnaissant une certaine aptitude à intervenir même si, dans ce contrôle, le juge prend certaines libertés par rapport aux textes.

1. L'intérêt public conditionné par l'existence de textes

Parce que nous sommes dans un État unitaire – telle est l'affirmation constitutionnelle, dont il importe peu ici de savoir si elle est toujours réellement respectée[7] –, les collectivités territoriales tiennent leur existence et leurs compétences des autorités de l'État, c'est-à-dire au premier chef du Parlement.

Pour qu'il y ait intérêt public poursuivi ou pouvant l'être par une collectivité territoriale, il faut que ces collectivités soient reconnues comme des personnes publiques. La précaution peut surprendre, tant

7. Certains auteurs prétendent que nous sommes dans un État fédéral qui s'ignore, notamment du fait du statut de certains territoires d'outre-mer, en particulier de la Nouvelle-Calédonie, qui est une collectivité à part.

il paraît évident que les collectivités territoriales, dans notre pays, sont bien des personnes publiques. Toutefois, il faut se souvenir que, jusque (en gros) la Révolution, les communautés, auxquelles vont succéder les communes[8], sont considérées comme des personnes privées, en se fondant sur l'idée qu'elles sont des regroupements de familles. La nature publique des communes, puis des départements, est implicitement consacrée par les lois sur l'organisation locale, et dès la Révolution le décret du 14 décembre 1789 peut être interprété en ce sens avec la distinction des deux catégories de fonctions qu'il consacre.

Mais la reconnaissance de la nature de personne publique ne suffit pas. Les communes – puisque pendant de longues décennies ce sont elles qui interviennent, qui peuvent soulever des problèmes juridiques, les départements étant au fond, et substantiellement, plus des circonscriptions administratives de l'État que des collectivités locales – possèdent des biens, qui peuvent relever du domaine privé, comme les forêts, et la jurisprudence administrative, qui n'est pas fixée, a eu tendance à regarder un certain nombre de ces interventions comme étant l'expression d'intérêts particuliers (même s'ils ne sont pas qualifiés de privés). Un certain flou subsiste donc sur la nature des interventions locales. Pour qu'il y ait intérêt public, il faut que l'État ait habilité ces collectivités à intervenir.

D'où l'importance accordée aux lois sur l'organisation locale[9]. Ces lois comportent deux séries de dispositions pour ce qui concerne notre sujet. Une première série de dispositions est relative aux compétences, c'est-à-dire aux champs dans lesquels les collectivités peuvent

8. Mais s'il y a, au moment de la Révolution, uniformisation de l'organisation et des structures, il n'y a pas modification des limites territoriales des communautés, les communes prennent la suite de ces dernières.

9. Il en est un peu différemment aujourd'hui, mais historiquement, et traditionnellement, les constitutions, dans notre pays, comportent peu de dispositions sur les collectivités locales (ou territoriales), notamment les compétences sont fixées par la loi, alors que dans d'autres pays (ex. la Belgique) elles figurent dans la Constitution.

intervenir[10]. Ces dispositions sont relativement vagues, ce qui va permettre au juge administratif d'avoir une appréciation prétorienne de l'étendue des interventions de ces collectivités, comme nous allons le voir. En revanche les lois sont beaucoup plus précises sur les attributions des autorités locales, les attributions se différenciant des compétences en ce qu'elles concernent les autorités d'une collectivité tandis que les compétences s'appliquent aux domaines dans lesquels la collectivité peut légalement intervenir par l'intermédiaire de ses organes.

Qu'il s'agisse des lois de 1837 ou de 1884 sur les communes, il est caractéristique de relever, à la lecture de leurs dispositions, qu'elles sont extrêmement minutieuses, et méfiantes, quant aux pouvoirs dont dispose notamment le maire : elles concernent, par exemple, les « conditions de baux », les « aliénations de gré à gré », « le classement, le déclassement, le redressement, le prolongement, l'élargissement, la suppression des voies et places publiques », les budgets, emprunts, taxes, « les effectifs et les échelles de traitement du personnel communal », les foires. Ces dispositions sont l'expression d'un monde rural qui évolue peu, et d'une faible intervention des collectivités locales[11]. La commune à laquelle il est fait référence est avant tout la commune rurale, et le fonctionnement des institutions communales est épisodique.

Certes, avec les lois sur l'enseignement de la fin du XIXe siècle, la commune est sollicitée, mais il s'agit plus d'une apparence que d'une réalité : l'école communale ne présente ce caractère que par la

10. Étant précisé que le terme de compétences comme la notion à laquelle il renvoie ne sont pas utilisés, invoqués. C'est là une terminologie moderne, qui ne se répand vraiment que dans la seconde moitié du XXe siècle.

11. Les précisions qui viennent d'être données concernent la commune, mais il en est ainsi, à plus forte raison, et de manière accentuée, pour le département.

participation financière qui est demandée à la commune[12], notamment pour le logement des instituteurs, pour le reste, c'est-à-dire l'essentiel – programmes, pédagogie et, naturellement, le statut des instituteurs – seul l'État est compétent[13]. De ce fait, ce n'est guère en ce domaine, très encadré, que le juge sera amené à se prononcer, sauf dans les cas où, par mesure de rétorsion, une commune décide de ne pas fournir le logement qu'elle doit légalement à l'instituteur.

2. La relative liberté du juge par rapport aux textes

Deux facteurs expliquent le rôle essentiel pris par le juge administratif dans l'appréciation de l'intérêt public local. D'une part, et ce n'est que le rappel d'un point connu, le droit administratif est historiquement largement le produit du juge administratif. Pour les raisons développées dans tous les manuels de droit administratif, le juge a été amené à développer des instruments de contrôle de l'action administrative. Il n'y avait aucune raison pour que les principes dégagés par le juge pour l'administration de l'État ne s'appliquent pas aux collectivités locales, bien au contraire.

La tendance à un contrôle strict des collectivités locales par le juge administratif ne pouvait qu'être confortée par la conception que l'on avait à la fois du juge administratif et des collectivités locales. Quant au premier, il est pensé d'abord comme un instrument de protection de l'État. Celui-ci est présumé, dans la conception française, poursuivre l'intérêt général, et cet intérêt général doit l'emporter sur tous les autres intérêts, y compris celui des collectivités locales, quelque légitimité qu'ils puissent avoir. Quant aux secondes, la

12. Et l'inscription au frontispice de l'école, souvent située dans des bâtiments de la mairie « école communale » fait surtout référence à la localisation. La commune est fière d'avoir une école, mais ne dispose d'aucun pouvoir.

13. Ceci n'a d'ailleurs pas changé à notre époque. Il est faux de parler de décentralisation dans le domaine de l'enseignement alors que l'État conserve le pouvoir dans ce domaine, le seul terme acceptable, utilisé d'ailleurs à juste titre par la loi, est celui de « responsabilités ». C'est là une situation qui fait consensus en France, mais qui est une exception par rapport à la plupart des autres pays.

période de la Constituante, qui avait été très décentralisatrice, avec pour conséquence l'anarchie qui s'était répandue sur tout le territoire, ne pouvait que rendre le juge très circonspect à l'égard des autorités locales, toujours suspectée d'être susceptibles de porter atteinte à l'intérêt national.

L'illustration la plus remarquable – ou, tout au moins, la plus connue – en est l'appréciation portée par le juge administratif sur les décrets du 5 novembre 1926 et 28 décembre 1926. Le premier autorisait en particulier les communes à participer aux entreprises commerciales ou coopératives ayant pour but le ravitaillement de la population ou son logement, l'hygiène, l'assistance, la réalisation d'améliorations urbaines. Le second avait plus précisément pour objet l'organisation des régies municipales.

La décision, qui figure parmi les *Grands arrêts* est celle du Conseil d'État du 30 mai 1930, *Chambre syndicale du commerce en détail de Nevers*. La commune de Nevers ayant décidé la mise en place d'un service de ravitaillement pour lutter contre le coût de la vie, et des requérants ayant déféré au juge le refus du préfet de déclarer la délibération du conseil municipal nulle de droit, le Conseil d'État déclare, dans ce considérant de principe :

> « Les entreprises ayant un caractère commercial restent, en règle générale, réservées à l'initiative privée et [...] les conseils municipaux ne peuvent ériger des entreprises de cette nature en services publics communaux que si, en raison de circonstances particulières de temps et de lieu, un intérêt public justifie leur intervention en cette matière. »

Cette décision est intéressante à plusieurs titres. Tout d'abord, il est clair que les décrets de 1926 avaient bien entendu élargir les capacités d'intervention des communes, ce que reconnaît d'ailleurs, non sans réticence, le commissaire du gouvernement dans ses conclusions sur cette affaire. La référence par le juge au principe dit de la liberté du commerce et de l'industrie, qui découlerait des dispositions du « décret d'Allarde » et de la loi « Le Chapelier », ne convainc pas : la lecture de ces deux dispositions ne fait apparaître aucune limitation pour les collectivités locales. L'interprétation qu'en a donnée le Conseil d'État est bien une interprétation prétorienne en fonction des principes que le juge avait lui-même consacrés précédemment[14].

Au-delà de ce point, il est intéressant également de voir que dans cette affaire le Conseil d'État lie la création d'un service public local à l'existence d'un intérêt public : les communes sont habilitées à instituer un service public local si un intérêt public le justifie, mais cet intérêt public est contrôlé par le juge. La volonté de la commune de décider qu'un « objet » (terme que l'on retrouve dans certaines lois) est d'intérêt public est subordonnée à l'appréciation donnée par le juge, lequel peut estimer que tel n'est pas le cas, que l'intérêt public est inexistant, tout cela au regard des principes qu'il a posés. Par ailleurs, on comprend bien que ce soit l'intérêt public qui conditionne le service public, non l'inverse, car l'intérêt public couvre un champ beaucoup plus large que le service public : tout intérêt public ne conduit pas nécessairement à l'érection de l'activité en service public, dans la plupart des cas, même, l'intérêt public se vérifiera sans qu'il y ait, parallèlement, institution d'un service public.

B. L'appréciation de l'intérêt public dans le cadre du contrôle de légalité

L'intérêt public local est apprécié dans le cadre de l'ensemble des moyens (au sens juridique du terme) qu'il est possible de faire valoir devant le juge administratif. Les questions soulevées vont relever, le plus souvent, de l'incompétence, mais quelques décisions intervenues depuis deux décennies permettent de voir que la notion déterminante est l'intérêt public plus que celle de compétence.

14. Dans ses conclusions sur l'affaire *Lavabre*, le commissaire du gouvernement Rivet, évoquant les décrets de 1926, déclarait que la jurisprudence avait refusé d'y voir « l'énoncé de principes contraires à ceux qu'elle avait personnellement consacrés » (concl. sur CE 23 juin 1923, *Lavabre*, *S.* III. 81 et sur CE Ass., 4 janvier 1935, *De Lara*, *S.* 1936, III.14, note R. Bonnard).

1. L'appréciation de l'intérêt public dans le cadre de la vérification de la compétence

La compétence est le moyen le plus important pouvant être soulevé dans le cadre d'un recours en annulation, parce que les administrations, quelles qu'elles soient, sont d'abord une organisation des compétences. C'est en raison de cette importance que, dans le contentieux de la légalité, l'incompétence est un moyen d'ordre public. La compétence se décline classiquement en trois composantes principales : la compétence *ratione temporis* (compétence temporelle), la compétence *ratione loci* (compétence territoriale) et la compétence *ratione materiae* (en raison de la matière).

La compétence dans le temps est importante en elle-même, mais ne concerne guère l'intérêt public, tout au moins s'agissant de l'intérêt public local. Toute autorité administrative voit sa compétence enfermée dans un temps déterminé, avec l'investiture de l'agent et sa désinvestiture. Et certes quelques affaires ont pu donner lieu à débat, mais il s'agit principalement d'autorités de l'État, par exemple pour les représentants de l'État, avec la question de savoir qui est compétent lorsque celui qui part (et qui est désinvesti) n'est pas encore remplacé (le successeur n'ayant pas encore été investi). Mais, s'agissant des autorités locales, on ne trouve que quelques rares exemples d'incompétence temporelle, et l'intérêt public n'est pas en jeu dans ces affaires.

La compétence territoriale, en revanche, a donné lieu à un certain nombre d'affaires dans lesquelles le juge a été amené à prendre en considération l'intérêt public. Il faut rappeler d'abord que toute autorité administrative, à plus forte raison l'autorité agissant au nom d'une collectivité territoriale, voit sa compétence délimitée en même temps que limitée par la circonscription ou le territoire[15]. Hors de

15. Il faut parler de circonscription administrative pour désigner le cadre territorial dans lequel intervient une autorité administrative d'État. L'autorité administrative d'une collectivité territoriale intervient dans le cadre d'un territoire, celui de la

cette circonscription ou de ce territoire, elle est incompétente. C'est là l'expression d'un principe de bon sens pour lequel il n'est pas nécessaire de recourir à la notion d'intérêt public.

Par exemple, le juge a reconnu la légalité de l'intervention d'une commune dans la fabrication de glace parce que la vente de la glace était limitée aux habitants de la commune[16]. Mais cette même vente de glace (alimentaire) n'est plus légale à partir du moment où la commune cherche (en l'espèce pour rentabiliser l'opération) à vendre la glace dans d'autres communes[17]. De même, le vœu émis par un conseil municipal que, « dans le choix des livres de classe employés pour l'enseignement aux écoles publiques de Lésigny » que l'autorité compétente évite soigneusement « tout ce qui pourrait porter atteinte à la liberté religieuse des familles » est conforme à la loi, notamment parce que ce vœu se limite aux écoles de la commune[18].

Cette limitation territoriale de la compétence doit être nuancée par une double considération. D'une part, ce n'est évidemment pas parce que l'intervention de l'autorité locale est limitée à la commune qu'elle est pour autant légale. Encore faut-il que l'intervention réponde aux autres conditions de légalité. Les circonstances de lieu, auxquelles le juge fait souvent référence (comme dans la décision de 1930) sont des circonstances au sein de la collectivité, ce ne sont pas des circonstances qui seraient extérieures[19]. D'autre part, l'intérêt

---

collectivité au nom de laquelle elle agit. Mais cette rigueur terminologique n'est pas toujours respectée.

16. CE 12 avril 1935, *Société des glacières toulousaines et du Bazacle*, *Rec. Leb.* p. 511.

17. CE 17 février 1956, *Sieur Siméon.*

18. CE 2 février 1917, *Commune de Lésigny*, *Rec. Leb.*, p. 109. La jurisprudence sur les vœux des conseils municipaux, un temps très important, a largement perdu de son intérêt aujourd'hui.

19. Sauf hypothèse où des menaces à l'ordre public proviendraient de l'extérieur de la commune, mais, en tout état de cause, c'est dans la commune concernée que les troubles éventuels interviendraient.

public local peut coïncider avec un intérêt général supérieur, ce qui a pour effet de valider l'intervention : si l'intérêt général de l'opération est aussi un intérêt local, l'autorité locale peut légalement intervenir. Ainsi, par exemple, une commune peut, à la suite d'un bombardement, créer « en collaboration avec le préfet de police » un service « ayant notamment pour mission de recueillir les objets de toutes sortes qui pouvaient se trouver sur les cadavres »[20]. Un équipement relevant de l'État peut également avoir un intérêt local : le Conseil d'État a admis, à propos des bureaux de poste, qu'ils puissent faire l'objet de fonds de concours de la part d'une commune[21], preuve juridictionnelle de l'intérêt que présentent ces bureaux de poste pour la commune.

C'est évidemment la compétence *ratione materiae* qui peut le plus donner lieu à interrogations sur l'existence ou l'inexistence d'un intérêt public local. Les matières, les domaines, renvoient à cette notion de clause générale de compétence, en vertu de laquelle les collectivités sont habilitées à intervenir dans tous les domaines que les organes délibérants ont estimé entrer dans les « affaires » de la collectivité, pour autant que la compétence n'ait pas été remise à une autre personne : cela signifie que la clause générale de compétence n'a jamais voulu dire que les autorités locales pouvaient intervenir dans tous les domaines. Et il ne faut guère compter, à l'avenir, sur la suppression de la clause générale de compétences des départements et des régions pour réduire le contentieux[22].

---

20. CE 20 juillet 1951, *Dame veuve Richard, Rec. Leb.*, p. 417.

21. Voir CE 1er avril 1977, *Dame Grignard, Rec.*, p. 174 : « L'opération par laquelle la commune construit, en vue de le louer à l'État, un local destiné à recevoir un bureau de poste présente un intérêt communal, dès lors qu'elle a pour objet direct de répondre aux besoins de la population de la commune expropriante. »

22. Cela tient au fait que, d'une part, ce n'est pas tellement la clause générale de compétence qui a été à l'origine de contentieux, d'autre part, et surtout, cette suppression s'accompagne d'exceptions et d'atténuations beaucoup plus susceptibles de créer du contentieux que la clause de compétence générale.

2. L'intérêt public et l'exercice des compétences locales

La notion de compétences est éclairée par le contentieux administratif relatif à l'intérêt public local et ce contentieux montre également l'importance déterminante de l'intérêt public local dans l'intervention des collectivités territoriales et de leurs établissements publics.

Les compétences des collectivités territoriales sont doublement limitées. La première limite, la plus connue, est celle du respect de la compétence des personnes privées. Les collectivités territoriales ne peuvent empiéter sur la compétence des personnes privées, l'aspect le plus emblématique, même s'il n'est pas le seul, de cette exigence, étant le principe de la liberté du commerce et de l'industrie. Le Conseil d'État a considéré que des domaines étaient réservés à l'initiative privée, ce qui exclut que les collectivités territoriales puissent intervenir[23]. Mais l'intérêt public local est le facteur d'habilitation à intervenir, dès lors que cette initiative est absente, auquel cas le problème de l'atteinte à la compétence ne se pose même pas[24], ou bien est insuffisante. L'analyse de la jurisprudence du Conseil d'État sur un siècle montre une compréhension de plus en plus grande par le juge de cette « insuffisance », donc une reconnaissance de plus en plus large de l'existence d'un intérêt public justifiant une intervention de la collectivité.

23. Le cas de l'État est tout différent, puisqu'il appartient à ceux qui le gèrent et qui sont des représentants de la souveraineté nationale de décider du partage des compétences. Mais le législateur lui-même ne peut pas tout, il ne peut remettre en cause la liberté d'entreprendre, à laquelle le Conseil constitutionnel a reconnu valeur constitutionnelle.

24. Il était rare autrefois que l'on puisse se trouver dans une situation où l'initiative privée est totalement absente, généralement elle existe, mais elle est insuffisante. Aujourd'hui il est plus fréquent de trouver, notamment dans les campagnes, des situations dans lesquelles l'initiative privée fait totalement défaut et où ce sont les personnes privées qui demandent l'intervention des personnes publiques.

Le second angle révélé par la clause de compétence générale est le respect des compétences des autres personnes publiques. Les cas de contestation de la compétence d'une collectivité territoriale par une autre collectivité territoriale existent, mais ils sont relativement rares, ils se rattachent alors à la compétence territoriale plus qu'à la compétence matérielle. En revanche il est possible de rencontrer des situations dans lesquelles une collectivité territoriale intervient, cette compétence étant contestée par un établissement public, qui fait valoir qu'il s'agit d'un empiètement sur sa propre compétence, qu'il entend faire respecter.

Deux cas peuvent se présenter. Le premier, le plus simple, est celui d'une collectivité territoriale – en fait une commune – qui intervient dans un domaine relevant d'un établissement public qui lui est rattaché[25]. L'établissement public, étant une personne publique spécialisée, doit voir sa compétence protégée sinon l'attribution de compétence n'aurait pas grande signification. La jurisprudence en la matière n'est pas très fournie, mais existe. Ainsi le Conseil d'État avait jugé qu'il n'appartient pas à un conseil municipal de s'immiscer directement dans la gestion d'un établissement de bienfaisance, alors même qu'il était appelé à donner son avis sur les budgets et les comptes de cet établissement[26]. Et cependant le Conseil d'État a également admis qu'une commune pouvait, sans empiéter sur les compétences de l'établissement public local, intervenir dans le même domaine[27].

---

25. L'établissement public classique ne dispose pas d'un territoire, il doit donc être rattaché à une collectivité publique territoriale, qu'il s'agisse de l'État ou d'une collectivité territoriale.

26. CE 23 mars 1917, *Ruelle*, *Rec. Leb.*, p. 277.

27. CE 26 décembre 1908, *Commune de Labastide-Saint-Pierre*, concl. Teissier, *Rec. Leb.*, p. 1083. Voir aussi CE 10 juin 1921, *Ville de Montbrison*, *Rec. Leb.* p. 556 ; CE sect., 11 janvier 1952, *Association des parents d'élèves de l'enseignement libre de Seine-et-Oise*, *Rec. Leb.* p. 26 ; CE sect. 26 novembre 1954, *Commune de Freigné*, *Rec. Leb.*, p. 619, *D.* 1955, *J.* 27, concl. Mosset.

Tout autre est le cas de ces établissements publics particuliers du point de vue juridique – même s'ils sont de plus en plus nombreux et qu'ils se substituent de plus en plus souvent aux communes – que sont les établissements publics territoriaux et, plus particulièrement, ceux qui ont vocation à faire coopérer les communes et que l'on qualifie génériquement d'établissements publics de coopération intercommunale (EPCI)[28].

Ces EPCI ont pris au fil du temps une importance grandissante parce qu'ils sont de plus en plus nombreux, mais surtout parce que chaque fois qu'une nouvelle catégorie (ou sous-catégorie) est créée, elle dispose de compétences plus étendues que celle à laquelle elle succède ou à laquelle elle se superpose. Les EPCI, notamment les communautés, qu'il convient de distinguer au sein de cette catégorie, sont de plus en plus « intégrateurs », c'est-à-dire disposent de transferts de compétences de plus en plus étendus. Le législateur s'est ingénié, de surcroît, à compliquer le plus possible ces mécanismes de transferts de compétences, avec des transferts de plein droit, des transferts facultatifs, des transferts optionnels.

Et à cela s'ajoute une variable supplémentaire, constituée par « l'intérêt communautaire » que peut affirmer, sous certaines conditions, l'assemblée délibérante de l'EPCI. Il n'est pas étonnant, dans ces conditions, que le contentieux se soit développé, un contentieux un peu foisonnant qui touche à la définition et à la répartition des

28. Les EPCI ne sont pas les seuls établissements publics territoriaux puisque l'on y trouve également les syndicats mixtes (qui sont cependant des établissements de coopération entre les collectivités territoriales) des ententes (beaucoup plus rares) et des établissements publics territoriaux très importants dans le domaine de la gestion de l'eau.

compétences, et à l'intérêt communautaire. On pourrait se demander, pour ce dernier, s'il s'agit seulement d'une notion technique découlant de la loi, ou d'une autre expression de l'intérêt public local[29].

L'intérêt public local est la condition de toute intervention d'une collectivité territoriale ou d'un établissement public lié à elle d'une manière ou d'une autre. Il était possible jusqu'en 2014 de disserter sur les conditions de l'intervention d'une collectivité territoriale, de se demander si l'intérêt public était toujours requis, si la compétence ne pouvait pas s'exercer dès lors qu'un texte la prévoyait. Des zones d'incertitude demeuraient. Elles n'ont plus lieu d'être depuis la décision d'Assemblée du Conseil d'État du 30 décembre 2014[30]. Dans cette décision, relative à la candidature d'une collectivité territoriale à un appel d'offres lancé par une autre collectivité territoriale, le Conseil d'État énonce un considérant de principe qui vaut bien audelà de l'affaire et de la question de la légalité d'une telle candidature.

Le Conseil d'État déclare dans cette décision :

> « Hormis celles qui leur sont confiées pour le compte de l'État, les compétences dont disposent les collectivités territoriales ou leurs établissements publics de coopération s'exercent en vue de satisfaire un intérêt public local. »

L'affirmation n'a rien de surprenant : les collectivités publiques, quelles qu'elles soient, sont finalisées, elles doivent intervenir en vue de satisfaire l'intérêt public, ou l'intérêt général (le juge ne faisant pas de distinction entre les deux, comme il a été rappelé plus haut). Cela vaut pour l'État – même si l'on a pu douter parfois de cette finalité

---

29. L'intercommunalité peut être considérée, en elle-même et indépendamment de ses manifestations, comme l'expression d'intérêts locaux, qui sont « supra-communaux ».

30. CE Ass., 30 décembre 2014, *Société Armor SNC*, req. n° 355563 ; *AJDA* 2015, chron. J. Lessi et L. Dutheillet de Lamothe, p. 449.

pour certaines de ses interventions[31] – cela vaut tout autant pour les collectivités territoriales. L'intérêt de cette formulation est de valoir, non seulement lorsque la collectivité intervient sur le fondement de la clause de compétence générale, mais également lorsque cette intervention repose sur un texte précis.

La décision du 30 décembre 2014 est retenue principalement pour son apport à la définition des conditions d'une collectivité territoriale à une candidature à un appel d'offres lancé par une autre collectivité territoriale. Le principe d'une aptitude à candidater a été reconnu précédemment aussi bien par le Conseil d'État[32] que par la CJUE (CJCE à l'époque)[33], mais rien n'était dit sur les conditions éventuelles à respecter par la collectivité répondant à l'appel d'offres d'une autre collectivité : la collectivité disposait-elle d'une entière liberté de candidature ?

La réponse est fournie par cette décision de 2014, elle est négative, c'est l'intérêt public local qui conditionne cette offre. Selon en effet la décision, les collectivités ou établissements de coopération

> « ne peuvent légalement présenter une telle candidature que si elle répond à un tel intérêt public, c'est-à-dire si elle constitue le prolongement d'une mission de service public dont la collectivité ou l'établissement public de coopération a la charge, dans le but notamment d'amortir des équipements, de valoriser les moyens

31. Ce fut le cas de certaines nationalisations, déterminées par des considérations idéologiques et politiques, comme la nationalisation de Renault : la fabrication de véhicules Renault n'a jamais été une intervention d'intérêt public.

32. CE Avis, 8 novembre 2000, *Société Jean-Louis Bernard consultants*, n° 222208, *Rec.*, p. 492, concl. C. Bergeal ; *AJDA* 2000, p. 987, chron. Guyomar et P. Collin, *RFDA* 2001, p. 112, concl. C. Bergeal.

33. CJCE 7 décembre 2000, aff. C-94/99, *ARGE Gewässerschutz c/ Bundesministerium für und Forstwirtschaft*, *RDI* 2001, p. 152, obs. F. Llorens.

> dont dispose le service ou d'assurer son équilibre financier, et sous réserve qu'elle ne compromette pas l'exercice de cette mission »[34].

Il faut ajouter, cependant, que les collectivités territoriales peuvent poursuivre un intérêt local qui coïncide avec un intérêt national, comme on l'a vu dans l'affaire *Dame veuve Richard* précitée.

Quelques jugements et arrêts ont été rendus depuis cette décision. L'arrêt d'une cour administrative d'appel est intéressant par la précision qu'il apporte. Un contrat d'affermage de service public conclu entre la commune de Sassenage et la Régie des Eaux de Grenoble a été attaqué devant le juge administratif. Confirmant le jugement du tribunal administratif, qui avait annulé le contrat, la cour reprend la formule de la décision du Conseil d'État, elle considère que les principes ainsi énoncés

> « s'appliquent également aux établissements publics locaux telle la régie municipale des eaux de Grenoble, dénommée "Régie des Eaux de Grenoble" qui est une régie dotée de la personnalité morale et de l'autonomie financière, gérant un service public à caractère industriel et commercial, relevant de l'article L. 2221-10 du Code général des collectivités territoriales »,

que la régie pouvait donc présenter sa candidature, mais que, si celle-ci constituait le prolongement d'une mission de service public, elle ne répondait pas à un intérêt public[35].

Le Conseil ajoute également fort opportunément que ces règles

34. Une fois admise dans son principe, cette candidature ne doit pas fausser les conditions de la concurrence. En particulier « le prix proposé par la collectivité territoriale ou l'établissement public de coopération doit être déterminé en prenant en compte l'ensemble des coûts directs et indirects concourant à sa formation, sans que la collectivité publique bénéficie, pour le déterminer, d'un avantage découlant des ressources ou des moyens qui lui sont attribués au titre de ses missions de service public et à condition qu'elle puisse, si nécessaire, en justifier par ses documents comptables ou tout autre moyen d'information approprié ».

35. CAA Lyon, 5 mars 2015, *Régie des Eaux de Grenoble*, req. nº 13LY03059.

> « s'appliquent enfin sans préjudice des coopérations que les personnes publiques peuvent organiser entre elles, dans le cadre de relations distinctes de celles d'opérateurs intervenant sur un marché concurrentiel »,

ce qui met notamment à part les relations contractuelles de plus en plus nombreuses qui sont passées entre les collectivités publiques, qu'il s'agisse de relations contractuelles entre l'État et une ou plusieurs collectivités territoriales (ex. les contrats de plan) ou les relations contractuelles entre collectivités territoriales, qui se sont multipliées à la suite des transferts de compétences.

Si l'on met à part le cas tout de même un peu particulier d'une collectivité territoriale répondant à un appel d'offres lancé par une autre collectivité territoriale, il apparaît, au vu de la jurisprudence précitée comme d'autres jurisprudences que l'intérêt public local, dont l'exigence est réaffirmée avec force, n'a plus la même signification aujourd'hui que celle qu'il pouvait avoir à la fin du XIXe siècle.

II. Une nouvelle appréhension de l'intérêt public local

Dire que les collectivités territoriales d'aujourd'hui ne sont plus celles d'hier serait un truisme. Mais il faut préciser l'importance et la nature des changements induits par ce fait : la place des collectivités territoriales dans la nation est autre que ce qu'elle était, plus importante économiquement, mais peut-être moindre culturellement[36], leurs rapports avec l'État ont été modifiés[37]. Cela se traduit, du point de vue qui nous intéresse, par un renouvellement du champ contentieux de l'intérêt politique local et par un renouvellement des facteurs de légalité de l'intervention locale.

---

36. C'est là toute la question de l'identité locale. Mais naturellement il faudrait distinguer selon les collectivités et, pour les communes, selon les communes, la question ne se présentant pas dans les mêmes termes pour les communes urbaines et les communes rurales.

37. Peut-être est-ce là, parmi d'autres, l'un des facteurs de la crise de l'État sur laquelle le consensus se fait.

A. Le renouvellement du champ contentieux de l'intérêt politique local

Rien n'est véritablement nouveau dans le contentieux administratif des collectivités territoriales, en ce sens que les questions qui se posaient continuent de l'être, mais, en même temps, tout est différent parce que ces questions ne se posent pas dans les mêmes termes qu'autrefois.

1. L'intérêt public local et l'initiative privée

Les contentieux montrent parfois une certaine continuité avec la jurisprudence antérieure, mais le plus caractéristique est le fait que, le plus souvent, ces contentieux proviennent, non d'une contestation de l'objet de l'intervention locale, mais des conditions de cette intervention, notamment par le biais des contrats conclus avec des personnes privées.

Parfois, donc, on a l'impression de retrouver des affaires qui évoquent des contentieux anciens, et dont la solution ne surprend plus. Il en est ainsi par exemple de la cession par la commune d'une partie de son domaine privé à des personnes privées en vue de la création, par ces dernières, d'un cabinet médical et de logements à usage d'habitation destinés à accueillir des personnes âgées ou à mobilité réduite.

La cour administrative d'appel déclare :

> « Le projet de création d'un cabinet médical et de dix logements destinés à accueillir des personnes âgées ou à mobilité réduite revêt un intérêt public local lié, d'une part, au maintien sur le territoire de cette commune rurale de professionnels de santé et, d'autre part, à la création d'emplois et au regain d'activité économique[38]. »

38. CAA Nantes, 26 octobre 2012, *M. et Mme Jean*, req. n° 11NT01557.

On croit retrouver ici la décision *Casanova* « modernisée », adaptée à notre temps[39]. Par ailleurs, on relève également les justifications données par le juge à cette opération, qui sont une explicitation de l'intérêt public local : celui-ci existe et renvoie à deux problèmes qui sont bien de notre temps, celui du manque de médecins dans les zones rurales[40], et celui de l'emploi.

Une autre illustration de ce prolongement de contentieux, à la fois dans la continuité, et cependant différent, est celle des commerces. Un conseil municipal avait décidé d'acquérir dans le centre-bourg d'une commune un bien immobilier pour aménager un centre multiservice. Suite au recours d'un conseiller municipal, le juge déclare :

> « Les délibérations litigieuses ont été prises notamment, à la suite d'un sondage effectué auprès des habitants de la commune dont il ressort que 97 % des réponses étaient favorables à la création d'un centre multiservice, la quasi-totalité précisant leur souhait de voir s'installer une épicerie et un bar ; [...] il est constant que la commune ne comprenait aucun commerce permettant d'assurer l'approvisionnement régulier des habitants de la commune et qu'aucun candidat ne s'était présenté pour reprendre l'exploitation du café qui avait fermé ; [...] il ressort des pièces du dossier que les délibérations litigieuses avaient pour objet de permettre à la population locale de continuer à s'approvisionner sur place et de contribuer à l'animation de la vie locale ; [...] ainsi, même si boulangerie et un caveau implanté au centre-bourg bénéficiant d'une licence IV pouvaient ponctuellement fournir quelques

39. Du temps de l'affaire *Casanova*, il n'y avait pas de cabinet médical regroupant plusieurs médecins, il n'y avait pas non plus de logements destinés à accueillir des personnes âgées (tout au moins dans des conditions décentes, il n'y avait que les hospices...) et des personnes à mobilité réduite.

40. Mais cela arrive (dans le nord de la France) ou va arriver dans les zones urbaines, y compris celles que l'on pensait à l'écart de ce risque (villes du sud de la France que l'on croyait préservées de ce risque) du fait de la politique de sélection des étudiants.

produits du terroir, les délibérations litigieuses répondaient à un besoin de la population et, par suite, à un intérêt public local[41]. »

Un tel arrêt fait écho si l'on peut dire à plusieurs décisions de jurisprudence de l'entre-deux-guerres, avec à la fois la même référence au besoin non satisfait de la population, ce qui en fait une jurisprudence au fond traditionnelle, et les caractéristiques de l'opération, beaucoup plus modernes, de même que, dans l'arrêt, les justifications détaillées énoncées par le juge.

Dans le même ordre d'idées, on pourrait citer le cas d'une commune qui entreprend l'extension de la cuisine d'un restaurant situé dans un château dont elle propriétaire, ce château abritant, d'une part, les services publics de la commune, d'autre part, un hôtel-restaurant donné en location à un particulier l'exploitant. Sur recours de l'entrepreneur ayant effectué les travaux et ayant été condamné pour les désordres qui s'étaient manifestés après la réception, le juge administratif, répondant au moyen d'incompétence de la juridiction administrative, déclare :

> « La réalisation des travaux d'agrandissement et de carrelage de la cuisine du restaurant étoilé situé dans le château de la Pomerède, propriété de la commune, présente un intérêt public local lié à l'importance du château pour le développement touristique et économique de la commune[42]. »

La nouveauté, dans ce contentieux, est la préoccupation de développement et de tourisme qui deviennent constitutifs de l'intérêt public local, ce qui n'aurait certainement pas été le cas il y a un siècle.

---

41. CAA Lyon, 11 juillet 2013, *M. A. Ducros de Lafarge de Romefort*, req. nº 12LY01336.

42. Le juge en déduit que les travaux réalisés par la commune dans un but d'intérêt général présentent le caractère de travaux publics : CAA Marseille, 16 avril 2012, *M. Alain A.*, req. nº 09MA04634.

Dans le contentieux qui vient d'être cité, ce n'est pas l'intervention de la commune par elle-même qui était contestée, c'était sa condamnation que l'entrepreneur souhaitait voir annulée. C'est dire que les contestations, aujourd'hui, portent moins sur le domaine d'activité faisant l'objet de l'intervention locale, sur la compétence matérielle, que sur les modalités d'intervention de la collectivité. Et il est tout aussi caractéristique que cette contestation soit portée dans le cadre d'un contrat, les contrats étant devenus l'une des branches du droit administratif qui a connu le développement le plus important depuis quelques décennies.

Une affaire est significative à cet égard. Une société, non retenue, conteste la délibération par laquelle un syndicat mixte a décidé de lancer une procédure adaptée pour le marché d'installation et d'exploitation d'un parcours d'aventure dans les arbres, l'attributaire devenant ensuite concessionnaire. Il n'est pas contesté que le syndicat mixte puisse organiser un marché public pour une activité « d'accrobranche », activité qui, à l'évidence, n'existait pas autrefois et se trouve surtout organisée par des personnes privées. La société requérante admet que cette activité relève de la compétence de l'établissement public, le juge admet tout autant cette compétence, ce qui est remarquable de l'évolution intervenue. Le juge va se prononcer sur les conditions de passation du marché, non sur le champ de l'intervention[43].

43. En l'espèce, d'ailleurs, la cour va relever que le candidat retenu se trouvait, avant même le lancement de la procédure d'appel d'offres, en possession d'informations sur la mise en place de ce parcours d'aventure et connaissait ses principales caractéristiques, qu'il connaissait les caractéristiques du marché avant le lancement de la procédure, et qu'il savait que le marché lui serait attribué avant la réunion de la commission d'appel d'offres… : CAA Versailles, 18 juillet 2013, *SA Aventure Land*, req. n° 11VE01827.

Un contentieux très particulier, mais très révélateur, est relatif à la délibération par laquelle un conseil municipal décide de modifier la dénomination d'un lieu-dit[44]. Sur recours de plusieurs sociétés demandant l'annulation de la délibération, le Conseil d'État répond :

> « Le nom d'un lieu-dit situé sur le territoire d'une commune trouve généralement son origine dans la géographie ou la topographie, est hérité de l'histoire ou est forgé par les usages ; [...] aucun texte législatif ou réglementaire ne prévoit qu'il appartient au conseil municipal de la commune ou à une autre autorité administrative d'attribuer un nom à un lieu-dit ou de modifier un nom existant ; [...] toutefois, en application des dispositions de l'article L. 2121-29 du Code général des collectivités territoriales [...] le conseil municipal est compétent, dans le cas où un intérêt public local le justifie, pour décider de modifier le nom d'un lieu-dit situé sur le territoire de la commune ; [...] par suite, en jugeant que la délibération du conseil municipal [...] était entachée d'incompétence, sans rechercher si un intérêt public communal permettait au conseil municipal de procéder à un tel changement sur le fondement des dispositions de l'article L. 2121-29 du Code général des collectivités territoriales sans méconnaître sa compétence, la cour administrative d'appel de Marseille a commis une erreur de droit »[45].

L'affaire est remarquable du point de vue des principes[46]. L'article L. 2121-29 du CGCT dispose en effet : « Le conseil municipal règle, par ses délibérations, les affaires de la commune. » En d'autres termes, c'est la disposition qui fonde la clause générale de compétence. Ainsi, cette décision reconnaît implicitement l'existence de cette clause – qui ne faisait aucun doute, le Parlement l'ayant confirmée bien auparavant – en la liant, quant à la légalité des inter-

44. Ceci peut paraître assez dérisoire, mais l'est beaucoup moins lorsque l'on sait que le lieu-dit en question s'appelait « Les Bouillens » et que la nouvelle dénomination décidée par la commune est celle de « Source Perrier »...

45. CE 26 mars 2012, *Commune de Vergèze*, req. n° 336459.

46. Mais pas seulement, il suffit de voir quelles étaient les sociétés requérantes : Nestlé Waters, Nestlé Waters France, Nestlé Waters Supply Sud. Ces sociétés avaient un intérêt très commercial dans l'affaire.

ventions locales, à l'existence d'un intérêt public local : la clause n'est opérante que si l'on peut constater l'existence d'un tel intérêt, ce qui est conforme à l'interprétation qu'avait donnée la doctrine de cette clause.

2. Le renouvellement au contentieux de questions classiques

Parmi les exemples les plus caractéristiques que l'on peut sans doute citer en ce sens figurent les contentieux relatifs à des questions touchant aux cultes. Le contentieux du début XXe siècle avait été marqué par de nombreuses affaires dans lesquelles des maires avaient pris des mesures d'interdiction, tantôt de sonneries de cloches[47], tantôt de manifestations religieuses sur la voie publique comme les processions. Le Conseil d'État avait dû élaborer une jurisprudence qui est tout à fait révélatrice des tensions d'une époque, et des efforts du juge pour trouver des solutions de compromis acceptables pour tous.

Plusieurs affaires ont eu pour origine des subventions versées par une collectivité territoriale ou un établissement public à des communautés religieuses ou organismes ayant un caractère religieux. L'attribution de ces subventions a été contestée comme contraire à la loi du 9 décembre 1905 sur la séparation des Églises et de l'État.

Le juge administratif a été saisi à d'assez nombreuses reprises de telles contestations et a dû se prononcer sur leur légalité. Dans des affaires rendues en Assemblée en 2011, dont deux étaient relatives, l'une, à une subvention accordée pour la construction d'un ascenseur d'accès à la basilique de Fourvière[48], l'autre aux conditions

47. Les arrêts du Conseil d'État sur les sonneries de cloches sont très nombreux et révélateurs des querelles du temps, dont certaines étaient vraiment des « querelles de clocher », mais marquées par l'anticléricalisme virulent de certains maires. Il y a encore aujourd'hui quelques contentieux de sonneries de cloches, mais dont l'origine est toute différente, étant liée à des plaintes de personnes qui déclarent être gênées dans leur repos par ces sonneries…

48. CE Ass., 19 juillet 2011, *Ass. Fédération de la libre pensée et d'action sociale du Rhône et autres*, req. n° 308817.

des dépenses d'équipements en rapport avec certaines pratiques rituelles comme l'abattage rituel à l'occasion de fêtes religieuses[49], le rapporteur public a proposé de retenir l'existence d'un intérêt public, intérêt public relatif au tourisme dans le premier cas, intérêt public relatif à la salubrité et à la santé publiques, dans le second cas, ce que le juge a consacré[50].

Dans un arrêt de 2007, la cour de Lyon avait eu à se prononcer sur la contestation par la Fédération de la libre pensée et d'action sociale du Rhône et d'autres requérants de la délibération par laquelle le conseil municipal de la ville de Lyon avait attribué une subvention de 1,5 million de francs (la délibération était de 2000, avant le passage à l'euro) à la Fondation Fourvière, reconnue d'utilité publique, à titre de participation à son projet de création d'un ascenseur destiné à permettre aux personnes à mobilité réduite d'éviter d'utiliser l'escalier qui relie le parvis de la basilique de Fourvière à l'entrée de cette basilique, et de rejoindre directement, depuis ce parvis, la nef ou la crypte de l'édifice.

En première instance, le tribunal administratif avait rejeté la requête, tenant pour inopérant le moyen tiré de la méconnaissance de la loi du 9 décembre 1905 (les dispositions de la loi du 23 juillet 1987 faisant échapper les fondations aux limitations définies par la loi de 1905). La cour, ayant écarté l'atteinte au principe constitutionnel de laïcité parce que ce dernier n'interdit pas par lui-même, l'octroi, dans l'intérêt général et dans les conditions prévues par les lois, de subventions au bénéfice d'organismes ayant des activités cultuelles, a ensuite considéré que l'article 2 de la loi de 1905 ne faisait pas obstacle à ce qu'une personne morale ayant pour partie des activités cultuelles, reçoive une aide d'une collectivité publique liée spécifiquement à l'exécution de travaux ou à la réalisation d'une

49. CE Ass., 19 juillet 2011, *Communauté urbaine du Mans*, req. n° 309161.
50. *AJDA* 2011, chron. X. Domino et A. Bretonneau, p. 1667 et s.

opération présentant un caractère d'intérêt général, à la condition que ni ces travaux ni cette opération ne puissent être regardés comme spécialement destinés à l'exercice de l'activité cultuelle.

La cour a considéré que

> « les travaux à l'exécution desquels a été affectée la subvention litigieuse ont été projetés par la Fondation Fourvière, laquelle a pour partie une activité cultuelle, pour la réalisation d'un ascenseur qui, sans être en aucune façon réservé aux personnes venant participer dans la basilique de Fourvière à l'exercice d'un culte, a pour objet d'améliorer l'accessibilité des personnes à mobilité réduite à la nef et à la crypte de cette basilique, lesquelles sont le lieu d'une très importante fréquentation touristique » ;

dans ces conditions, a déclaré la cour, cet équipement doit être regardé comme répondant à un objectif d'intérêt général et n'étant pas spécialement destiné à l'exercice d'un culte[51].

En cassation, dans l'une des cinq décisions qu'il a rendues en Assemblée le 19 juillet 2011 (décision n° 308817, *Fédération de la libre pensée et de l'action sociale du Rhône*), le Conseil d'État a regardé une telle subvention comme légale. Il a considéré que la cour n'avait commis aucune erreur de droit

> « en jugeant que le principe constitutionnel de laïcité n'interdisait pas, par lui-même, l'octroi, "dans l'intérêt général et dans les conditions prévues par les lois", de subventions au bénéfice d'organismes ayant des activités cultuelles ».

Il a également considéré que les dispositions de la loi de 1905 ne faisaient pas obstacle à ce qu'une collectivité territoriale finance des travaux qui ne sont pas des travaux d'entretien ou de conservation d'un édifice servant à l'exercice d'un culte, soit en les prenant en tout ou partie en charge en qualité de propriétaire de l'édifice, soit en accordant une subvention lorsque l'édifice n'est pas sa propriété, en vue de la réalisation d'un équipement ou d'un aménagement en

---

51. CAA Lyon, 26 juin 2007, *Fédération de la libre pensée et d'action sociale du Rhône et autres*, req. n° 03LY00054 ; *AJDA* 2007, p. 1652, concl. D. Besle.

rapport avec cet édifice, à condition que, d'une part, l'équipement ou l'aménagement « présente un intérêt public local, lié notamment à l'importance de l'édifice pour le rayonnement culturel ou le développement touristique et économique de son territoire et qu'il ne soit pas destiné à l'exercice du culte », d'autre part, « que soit garanti, notamment par voie contractuelle, que cette participation n'est pas versée à une association cultuelle et qu'elle est exclusivement affectée au financement du projet ». L'élargissement ainsi consacré de la possibilité de subventionner pouvait donner l'impression que les problèmes à venir étaient réglés. Il n'en est rien.

Une autre illustration intéressante, et qui n'aurait pu évidemment se produire il y a un siècle, est celle de subventions versées ou refusées (à la suite d'une demande) par l'ADEME à des communautés religieuses[52].

B. Le renouvellement des facteurs de légalité de l'intervention locale

Outre l'exigence de l'intérêt public, l'intervention des collectivités territoriales est aujourd'hui commandée par d'autres facteurs, qui découlent pratiquement tous de la multiplication des normes dans tous les domaines, et d'une forme particulière d'exigences imposées par les lois.

1. Une jurisprudence fondée plus sur l'articulation des normes que sur l'intérêt public local

Depuis plusieurs décennies, les normes se sont multipliées dans tous les domaines. La raison, la responsabilité – la faute serait-on tenté de dire – incombe d'abord au législateur. Quel que soit le domaine considéré, la production législative s'est accélérée, l'accroissement

52. Voir J.-M. PONTIER, « Laïcité contre environnement », note sous CAA Bordeaux, 6 mars 2012, *AJDA* 2012, p. 1155.

des normes législatives étant double : de plus en plus de lois sont adoptées, et les lois sont beaucoup plus longues qu'autrefois. Elles sont si longues que les codes ont dû eux aussi être multipliés[53].

Les collectivités territoriales sont elles aussi touchées, le Code général des collectivités territoriales (CGCT) « grossit » d'une année sur l'autre, ces dernières années ayant vu l'adoption (entre autres) de la loi de réforme des collectivités territoriales (loi RCT, 16 décembre 2010), de la loi relative à la modernisation de l'action publique et d'affirmation des métropoles (loi MAPTAM, 27 janvier 2014) et de la loi portant nouvelle organisation territoriale de la République (loi NOTRe, 7 août 2015), lois très « lourdes » par le nombre et la complication de leurs dispositions, qui s'enchevêtrent. Au surplus, ce code très long ne comprend pas toutes les dispositions relatives aux collectivités territoriales[54].

Le juge est ainsi souvent amené, dans le cadre d'un contentieux, à examiner de quelle législation relève la disposition attaquée ou mise en cause, la clause de compétence générale étant rarement en jeu. Le contrôle est d'autant plus complexe que le juge applique encore – pour l'instant, et malgré quelques exceptions – le principe d'indépendance des législations, notamment lorsque la mesure prise peut relever du domaine de l'environnement et du domaine de l'urbanisme, situation relativement fréquente.

Cet enchevêtrement des législations, et la difficulté pour connaître la disposition applicable, est encore plus vérifiable lorsqu'il s'agit des interventions d'une commune, avec la multiplication des EPCI et

53. Il existe à l'heure actuelle plus de cinquante codes, et d'autres, parfois attendus depuis longtemps, sont en préparation.

54. Le code ne comprend pas, notamment, les dispositions relatives à la fonction publique territoriale, qui figurent dans la loi du 27 janvier 1984 modifiée à maintes reprises. Mais il existe dans d'autres domaines des dispositions qui ne sont pas codifiées, et sont dans l'attente de l'adoption d'un code (par ex. en matière d'action culturelle).

l'obligation faite par la loi aux communes d'appartenir à un EPCI, la perspective étant que toutes les communes appartiennent à un EPCI à fiscalité propre. Le juge est amené à vérifier si une compétence a ou non été transférée par une commune à un EPCI. Ainsi, par exemple, une société ayant demandé l'annulation de la décision implicite par laquelle le maire d'une commune avait refusé d'abroger l'arrêté municipal portant règlement local de publicité, s'est posée la question de la compétence du maire compte tenu de certaines dispositions du Code de l'environnement[55].

Dans cette affaire le juge déclare :

> « Si la communauté d'agglomération Toulon Provence Méditerranée a reçu compétence pour mener certaines actions et opérations d'aménagement qui présentent un intérêt communautaire, la commune d'Hyères-les-Palmiers ne lui a pas transféré les compétences qu'elle détient en vue de l'élaboration des documents d'urbanisme ; […] dans ces conditions, la communauté d'agglomération Toulon Provence Méditerranée ne peut être regardée, au vu des seuls transferts de compétence susmentionnés, comme l'organisme intercommunal compétent en matière d'urbanisme au sens des dispositions […] de l'article L. 581-14 du Code de l'environnement[56]. »

Le caractère de plus en plus technique des transferts de compétence aux EPCI explique le contentieux qui s'est développé. Ainsi, la délibération d'un conseil municipal ayant institué un périmètre d'étude portant sur un quartier de la commune ayant été contestée, le juge déclare, interprétant l'article L. 5216-6 du CGCT[57] :

---

55. L'article L. 581-10 du Code de l'environnement, dans sa rédaction alors applicable, prévoit la possibilité de zones de publicité élargie ou des zones de publicité restreinte, où la publicité est soumise à des prescriptions spéciales. L'article L. 581-4 du même code prévoit dans certains cas la présence d'un représentant de l'organisme intercommunal compétent en matière d'urbanisme.

56. CAA Marseille, 23 avril 2013, *SARL Maci*, req. nº 11MA01383.

57. Cet article dispose, à la date où il était applicable : « La communauté d'agglomération exerce de plein droit au lieu et place des communes membres les compétences suivantes : 1° En matière de développement économique : création,

« La délibération litigieuse par laquelle le conseil municipal du Plessis-Robinson a décidé l'instauration d'un périmètre d'études sur une portion du secteur ouest de la commune n'entre pas dans les catégories d'actes énumérés ci-dessus (l'article L. 5216-6) entrant dans le champ des compétences réservées aux communautés d'agglomération ; [...] par suite, le moyen tiré de l'incompétence du conseil municipal au motif qu'il s'agissait d'une compétence communautaire doit être écarté[58]. »

La multiplication des catégories d'EPCI avec, lors de la création d'un nouveau type d'EPCI, et passage d'une commune à ce dernier par retrait de l'EPCI dans lequel elle se trouvait, ne peut qu'entraîner des difficultés juridiques et, partant, des contentieux. Par exemple, une communauté d'agglomération demande l'annulation de l'arrêté par lequel le préfet prononce la représentation-substitution de ladite communauté d'agglomération au sein d'un syndicat mixte de gestion de l'école départementale de musique et de danse, le président dudit syndicat ayant émis et rendu exécutoire un titre de recettes à l'effet de recouvrer auprès de la communauté d'agglomération une participation financière.

Le juge considère, en application des articles L. 5216-5 et L. 5216-7 du CGCT, que lorsque des communes membres, notamment d'un syndicat mixte, font partie d'une communauté d'agglomération qui exerce les compétences visées aux I et II de l'article L. 5216-5 du CGCT, cette création, cette fusion ou cette transformation, vaut retrait du syndicat mixte des communes membres de la communauté d'agglomération pour les compétences que le syndicat exerce, mais

---

aménagement, entretien et gestion de zones d'activité industrielle, commerciale, tertiaire, artisanale, touristique, portuaire ou aéroportuaire qui sont d'intérêt communautaire ; actions de développement économique d'intérêt communautaire ; 2° en matière d'aménagement de l'espace communautaire : schéma de cohérence territoriale et schéma de secteur ; création et réalisation de zones d'aménagement concerté d'intérêt communautaire. »

58. CAA Versailles, 16 avril 2015, *Sté Conseil en gestion et promotion immobilière (CGPI)*, req. n° 13VE01991.

que la substitution de la communauté d'agglomération au sein du syndicat mixte aux communes qui la composent n'est prévue que pour l'exercice des compétences transférées qui ne sont pas visées par le I et le II de l'article L. 5216-5 dudit code[59].

2. Les nouvelles exigences exigées par la loi

Depuis quelques décennies, la loi a inventé de nouvelles contraintes d'une normativité atténuée dans l'action des différents acteurs publics, mais, notamment, des collectivités territoriales. Les champs privilégiés en sont l'environnement et l'urbanisme. Ces exigences s'expriment souvent sous la forme de la « compatibilité » : les dispositions prises doivent être « compatibles » avec d'autres normes, des plans ou des schémas. L'exigence de compatibilité posée dans un domaine déterminé par la loi se comprend facilement, mais, d'une part, la multiplication de telles exigences, qui se croisent, notamment du fait de la coïncidence partielle des champs de l'environnement et de l'urbanisme, ne peut que compliquer l'action des autorités intervenantes, d'autre part, la normativité souple, précisément parce qu'elle est souple, ne peut qu'engendrer des interrogations et des difficultés, qui retentissent inévitablement au contentieux.

Ainsi, par exemple, un conseil municipal adopte une délibération approuvant la révision simplifiée du plan d'occupation des sols en vue de permettre la réalisation, sous le régime de l'unité touristique nouvelle, d'un « camping nature ». La délibération est attaquée, annulée en première instance. La cour administrative d'appel relève d'abord que la procédure de création d'une unité touristique nouvelle prévue au Code de l'urbanisme[60] a pour objet de permettre, dans le respect de l'objectif de préservation des espaces, paysages et milieux caractéristiques du patrimoine naturel et culturel montagnard, la réalisation d'opérations de développement touristique pouvant

59. CAA Lyon, 13 mai 2014, *Syndicat mixte de gestion de l'école départementale de musique et de danse du Thor*, req. n° 12LY20465.

60. Il s'agit du IV de l'article L. 145-3 et de l'article L. 145-9 de ce code.

comporter des aménagements ou constructions en discontinuité des zones urbanisées existantes et la commune doit se doter des documents d'urbanisme nécessaires soit en élaborant, soit en révisant, leur carte communale, leur plan d'occupation des sols ou leur plan local d'urbanisme. Mais si la procédure peut valablement être engagée avant que la décision de création de l'unité touristique nouvelle ait été prise,

> « un tel document d'urbanisme ne saurait être légalement approuvé s'il comporte des dispositions incompatibles avec les exigences du III de l'article L. 145-3 avant que l'unité touristique nouvelle n'ait été créée ».

La cour considère ensuite que le camping en question comporte des ouvrages et installations tels que son aménagement doit être regardé comme une urbanisation au sens du III de l'article L. 145-3 du Code de l'urbanisme. Et,

> « en admettant même qu'un tel terrain de camping, en raison de l'intérêt public local attaché au développement économique de la commune, figure au nombre des installations ou équipements publics pour lesquels il peut être dérogé à la règle d'urbanisation en continuité de l'existant, il ne saurait être regardé, en dépit de son concept axé sur l'immersion dans le milieu naturel, le respect de l'environnement et la promotion d'un tourisme "écoresponsable", comme incompatible avec le voisinage des zones habitées »[61].

Une telle affaire montre, comme bien d'autres du même ordre, à la fois la complexité des éléments en jeu, les nouvelles exigences à prendre en considération et à concilier avec d'autres.

---

61. CAA Lyon, 19 mars 2013, *Commune de Dieulefit*, req. n° 12LY02475.

BREFS PROPOS CONCLUSIFS

Jean-Luc PISSALOUX
Professeur de droit public
Université de Bourgogne (à l'époque du colloque)[62]
Vice-président du Conseil scientifique du GRALE

Les communications du colloque de Dijon des 17 et 18 mars 2016 démontrent amplement, à l'évidence, la multiplicité, la diversité, et la complexité des contentieux que peut engendrer l'action publique locale.

Il suffit de lister les différents contentieux analysés au cours de cette manifestation : le contentieux budgétaire et financier aussi bien du côté des contrôleurs que des contrôlés ; le contentieux des SDCI ; le contentieux du fonctionnement des assemblées locales ; le contentieux de l'urbanisme ; le contentieux électoral ; et, pour finir, le contentieux sur cette notion ô combien délicate d'intérêt public local.

Et pourtant, combien cette liste est en vérité limitée ! Combien d'autres contentieux n'ont pu être abordés et analysés au cours de cette manifestation, par nature d'une durée finie ! Ainsi, auraient pu

62. J.-L. Pissaloux est maintenant professeur à l'Institut d'Études Politiques de Lyon.

également être étudiés : la responsabilité des ordonnateurs locaux ; les contentieux liés aux risques financiers pris par les collectivités territoriales ; le juge des comptes et les relations associations-collectivités territoriales ; le contentieux des instruments de planification relevant du droit de l'environnement ou en lien avec l'aménagement numérique des territoires ; le (ou plutôt les) contentieux de la fonction publique territoriale ; l'intérêt communautaire et le juge administratif ; l'action du contribuable local ; la démocratie participative locale et le juge administratif ; sans compter le sujet si vaste et en constante évolution depuis plusieurs années de l'office du juge administratif en matière de contrats des collectivités territoriales.

À l'évidence, les collectivités territoriales et les EPCI sont devenus un objet de contentieux de toute nature et devant les juridictions de tous les ordres ainsi que, dans le même temps, un acteur « actif » du contentieux. Une question émerge alors aussitôt : pourquoi une telle multiplication des contentieux ? L'on pense immédiatement à l'impact de la décentralisation et au développement de l'intercommunalité[63], même s'il y a, dans bien des hypothèses (en particulier, dans les procédures d'élaboration, de modification et de révision de nombreux instruments de planification, procédures qui, sous couvert de procédures concertées, sont en vérité des procédures déconcentrées) un retour plus ou moins explicite de la centralisation, ainsi qu'à l'inflation normative si souvent dénoncée par la doctrine, mais aussi par le Conseil d'État lui-même : il est clair en effet, on l'a déjà souligné, que la multiplication des textes ainsi que des instruments de planification et donc des normes de référence constituent des sources potentielles de contentieux.

63. Ainsi, il est évident que le contentieux des SDCI est lié au développement accéléré de la coopération intercommunale depuis la divine surprise qu'a constituée la mise en œuvre de la loi Chevènement du 12 juillet 1999 relative au renforcement et à la simplification de la coopération intercommunale, et depuis – ensuite – la loi de réforme des collectivités territoriales du 16 décembre 2010.

Un abandon de la décentralisation et un retour à la situation qui prévalait avant 1982 apparaissent peu probables, voire même tout à fait irréalistes, en l'état actuel des acquis, des finances et des mentalités… Reste donc seulement la possibilité de limiter le nombre de textes, de réduire la multiplicité actuelle des normes de tous niveaux, d'en finir avec cette inflation voire cette logorrhée normative qui s'est développée et accélérée depuis quelques décennies. Inflation normative qui favorise cette judiciarisation à l'anglo-saxonne de la société française, sans doute encore accentuée par le contexte budgétaire de plus en plus contraint et par les tensions de plus en plus vives entre les acteurs publics eux-mêmes, et entre les élus et les citoyens. Si l'on veut vraiment limiter le développement des contentieux, lequel a un coût pour la collectivité, il faut penser à réduire et simplifier les normes et les procédures et à instituer des instruments de l'action publique locale, d'abord moins nombreux, et ensuite à la fois plus simples à élaborer et à gérer et surtout plus opérationnels dans leurs effets. Mais, pour cela, il faut sans doute que la politique et les responsables politiques changent véritablement dans notre pays…

TABLE DES MATIÈRES

Première partie

LES CONTENTIEUX BUDGÉTAIRE ET FINANCIER DES COLLECTIVITÉS TERRITORIALES

Deuxième partie

LE JUGE ADMINISTRATIF ET L'ACTION DES COLLECTIVITÉS TERRITORIALES

QUESTIONS JURIDIQUES

AUX ÉDITIONS L'HARMATTAN

Dernières parutions

LES OBJECTIFS DE LA RÉGULATION ÉCONOMIQUE ET FINANCIÈRE
Sous la direction de Gabriel Eckert et Jean-Philippe Kovar
Les buts de la régulation économique et financière impriment profondément le droit de la régulation mais semblent avoir considérablement évolué depuis une trentaine d'années. Ainsi l'objectif traditionnel de la construction de marchés concurrentiels, dans des secteurs anciennement sous monopole ou très fortement réglementés, est complété par de nouveaux objectifs extraconcurrentiels. La diversité des buts assignés aux régulateurs oblige les autorités de régulation à opérer une conciliation des objectifs au risque de dénaturer leur office.
(Coll. Logiques Juridiques, 28.50 euros, 276 p.)
ISBN : 978-2-343-11504-7, ISBN EBOOK : 978-2-14-003398-8

LA RESPONSABILITÉ CIVILE DES ENSEIGNANTS EN CAS D'ACCIDENT SCOLAIRE
Brusorio Aillaud Marjorie
Le régime de responsabilité civile des enseignants en cas d'accident scolaire fut envisagé dans le Code civil dès 1804 puis modifié en 1899 et 1937. La loi est actuellement inadaptée et critiquée à la fois par les victimes et les enseignants, mais les tentatives de la jurisprudence pour la réformer se révèlent insuffisantes. Il faut rechercher un autre fondement pour engager la responsabilité civile de l'enseignant ou un autre débiteur que ce dernier, afin que les victimes d'accidents scolaires obtiennent facilement réparation.
(Coll. Logiques Juridiques, 55.00 euros, 750 p.)
ISBN : 978-2-343-11346-3, ISBN EBOOK : 978-2-14-003367-4

SPORT ET DROIT EUROPÉEN
Miège Colin
Le droit européen a eu une influence déterminante sur le sport, à mesure que celui-ci devenait une activité économique à part entière. Lorsque le sport a été intégré dans les compétences de l'Union par le traité de Lisbonne en 2007, les organisations sportives avaient déjà subi de plein fouet l'impact du droit européen avec notamment l'arrêt Bosman de 1995. Voici un panorama complet

des règlements ou décisions de justice qui ont eu un impact sur le sport depuis les débuts de la construction européenne.
(Coll. Le Droit aujourd'hui, 34.00 euros, 328 p.)
ISBN : 978-2-343-11822-2, ISBN EBOOK : 978-2-14-003468-8

LES INNOVATIONS CRIMINOLOGIQUES
Sous la direction de Erwan Dieu
Ce livre s'attelle à circonscrire la théorie et la pratique des modèles d'évaluation et d'accompagnement des auteurs et victimes d'infractions via des présentations d'outils d'exercices et de programmes. Les populations visées sont variées : problèmes d'addiction, de violence, d'infraction sexuelle ou conjugale, etc. Au sein des différents chapitres, des présentations de méthodes concrètes explicitent les modèles qui aujourd'hui démontrent des effets pertinents.
(Coll. Logiques des pénalités contemporaines, 39 euros, 406 p.)
ISBN : 978-2-343-11337-1, ISBN EBOOK : 978-2-14-003517-3

70 ANS DE JUSTICE PÉNALE DES MINEURS
Entre spécialisation et despécialisation
Beddiar Nadia
L'année 2015 marque la célébration des 70 ans de l'ordonnance du 2 février 1945 relative à l'enfance délinquante. Par ce texte, la France a institué, après bien d'autres pays, une justice et un traitement pénal des mineurs véritablement spécifiques. Cet anniversaire offre l'occasion de revenir sur le passé, d'aborder le présent et de se projeter dans l'avenir de cette justice qui se veut singulière. Cet ouvrage permettra au lecteur d'apprécier la richesse des débats et les enjeux fondamentaux de ce sujet pour notre société.
(Coll. Colloques et rencontres, 20.50 euros, 196 p.)
ISBN : 978-2-343-11815-4, ISBN EBOOK : 978-2-14-003530-2

LA JURISPRUDENCE ET LA DOCTRINE
Barraud Boris
La jurisprudence est l'un des phénomènes juridiques les plus problématiques, comme source du droit réel mais non officielle. Ce livre retrace son parcours dans l'histoire de la pensée juridique, longtemps dominée par le légicentrisme. Il s'intéresse également à la difficile identification doctrinale des jugements, arrêts et décisions à portée jurisprudentielle. Il s'attache enfin à la jurisprudentialisation du droit, qui constitue l'une des données les plus remarquables du droit contemporain, ainsi qu'aux critiques que la doctrine adresse à un droit trop abandonné au « gouvernement des juges ».
(Coll. Le Droit aujourd'hui, 29.00 euros, 290 p.)
ISBN : 978-2-343-11552-8, ISBN EBOOK : 978-2-14-003187-8

MESURER LE PLURALISME JURIDIQUE
Une expérience
Barraud Boris
Cet ouvrage propose une approche et une analyse scientifiques et statistiques du pluralisme juridique. Défini en tant que coexistence de sources étatiques et non étatiques de règles de droit, le pluralisme juridique appelle à la fois une réponse

théorique et empirique. Ce livre procède à une enquête de terrain et pose les jalons de ce travail scientifique visant à évaluer l'effectivité du pluralisme juridique en n'ayant d'égards que pour les seuls faits normatifs.
(Coll. Le Droit aujourd'hui, 32.00 euros, 308 p.)
ISBN : 978-2-343-11264-0, ISBN EBOOK : 978-2-14-003156-4

L'EXPERTISE SOUS LE REGARD DE LA PSYCHANALYSE
« Faux-Pas » ou la question des mères
Villa-Portenseigne Arlette
C'est toujours un enrichissement personnel et professionnel pour un-e psychologue que d'être nommé-e par la justice pour éclaircir les zones d'ombre qui obscurcissent la vérité. De pratique hospitalière en expertises judiciaires, la psychanalyse a fait voyager l'auteure de cet ouvrage dans tout ce qu'il y a d'intime dans l'être humain. Au-delà des crimes dont la chronique se fait régulièrement l'écho, ce livre émerge d'une réflexion sur la pratique. Croisant les démarches des juges, des soignants et des travailleurs sociaux, il témoigne des ressources de la clinique face aux itinéraires complexes des individus confrontés à la loi.
(Coll. Psycho-Logiques, 17.50 euros, 164 p.)
ISBN : 978-2-343-11083-7, ISBN EBOOK : 978-2-14-003119-9

LE DROIT DU BIEN-ÊTRE ANIMAL DANS LE MONDE
Évolution et universalisation
Brels Sabine
En ce début de XXIe siècle, les consciences s'éveillent de plus en plus à la protection des animaux. La société reconnaît aujourd'hui la sensibilité de ces êtres vivants et le droit à la protection de leur bien-être contre les souffrances évitables qui leur sont infligées. Un tournant s'opère et modifie profondément notre rapport aux animaux dans la société comme dans le droit. Cet ouvrage fait état de la protection juridique du bien-être animal à l'échelle mondiale et de la possibilité d'établir une protection universelle à l'ONU.
(Coll. Le Droit aujourd'hui, 42.00 euros, 500 p.)
ISBN : 978-2-343-10666-3, ISBN EBOOK : 978-2-14-003201-1

ANNALES DE LA FACULTÉ DE DROIT ET SCIENCE POLITIQUE DE NICE
Année 2016
Strickler Yves
Comme les éditions précédentes, ces annales de l'année 2016 parcourent des domaines très variés passant par l'histoire (affaire Calas), l'actualité (laïcité, statut du Ministère public, relations amoureuses au travail, lanceur d'alertes etc.) sans négliger les questions de principe (la liberté académique).
(Coll. Droit privé et sciences criminelles, 36.00 euros, 354 p.)
ISBN : 978-2-343-11519-1, ISBN EBOOK : 978-2-14-003271-4

MÉLANGES EN L'HONNEUR DU DOYEN ROGER BERNARDINI
Parcours pénal
Les « mélanges » sont un recueil d'articles rédigés par ses amis en hommage à un maître. Le doyen Roger Bernardini a été un grand serviteur de l'Université

et fait partie de ces professeurs qui marquent les esprits. Ses amis ont choisi, pour intitulé de ses mélanges « Parcours pénal », champ qu'il n'a jamais cessé d'arpenter, d'explorer, d'approfondir et de rénover.
(Coll. Droit privé et sciences criminelles, 32.50 euros, 315 p.)
ISBN : 978-2-343-10962-6, ISBN EBOOK : 978-2-14-002983-7

OHADA
Traité de fiscalité des entreprises (Première édition)
Amboulou Hygin Didace
La politique fiscale est souvent reconnue comme le domaine par excellence où chaque État exerce sa souveraineté économique en fonction de ses réalités, ses objectifs et ses potentialités. Mais pour réussir l'intégration économique de l'espace OHADA, encourager les investissements, assainir l'environnement des affaires et atténuer la pression fiscale sur les entreprises, les États doivent harmoniser, unifier ou coordonner leurs politiques fiscales. C'est l'objet de ce traité.
(Coll. Études africaines, 29.00 euros, 278 p.)
ISBN : 978-2-343-10523-9, ISBN EBOOK : 978-2-14-003211-0

OHADA
Code des investissements et des activités économiques (première édition)
Amboulou Hygin Didace
Pour mieux accompagner les opérateurs économiques de toutes origines et promouvoir ainsi les investissements, les États membres de l'OHADA disposent chacun d'une législation et d'une réglementation qui régissent l'ensemble des activités économiques, celles des petites et moyennes entreprises et celles des petites et moyennes industries. En attendant l'harmonisation de ces différentes législations, les voici présentées pour chaque État concerné.
(Coll. Études africaines, 42.00 euros, 464 p.)
ISBN : 978-2-343-10520-8, ISBN EBOOK : 978-2-14-003208-0

OHADA
Traité de droit des transports de marchandises par route et des opérations de dédouanement (première édition)
Amboulou Hygin Didace
Pour mieux comprendre la place qu'occupe le droit des transports dans la politique d'intégration économique des États membres de l'OHADA, ce livre analyse en profondeur les dispositions de l'Acte uniforme du 22 mars 2003 et celles de la Convention de Genève dite «CMR» du 19 mai 1956 encore applicable, ces deux législations étant complémentaires et relatives au contrat de transport de marchandises par route. Grâce à une actualité juridique récente et sélectionnée, ce livre s'impose comme un outil de travail de référence, avec un apport remarquable sur la procédure de dédouanement.
(Coll. Études africaines, 31.00 euros, 306 p.)
ISBN : 978-2-343-10524-6, ISBN EBOOK : 978-2-14-003213-4

L'Harmattan Italia
Via Degli Artisti 15; 10124 Torino
harmattan.italia@gmail.com

L'Harmattan Hongrie
Könyvesbolt ; Kossuth L. u. 14-16
1053 Budapest

L'Harmattan Kinshasa
185, avenue Nyangwe
Commune de Lingwala
Kinshasa, R.D. Congo
(00243) 998697603 ou (00243) 999229662

L'Harmattan Congo
67, av. E. P. Lumumba
Bât. – Congo Pharmacie (Bib. Nat.)
BP2874 Brazzaville
harmattan.congo@yahoo.fr

L'Harmattan Guinée
Almamya Rue KA 028, en face
du restaurant Le Cèdre
OKB agency BP 3470 Conakry
(00224) 657 20 85 08 / 664 28 91 96
harmattanguinee@yahoo.fr

L'Harmattan Mali
Rue 73, Porte 536, Niamakoro,
Cité Unicef, Bamako
Tél. 00 (223) 20205724 / +(223) 76378082
poudiougopaul@yahoo.fr
pp.harmattan@gmail.com

L'Harmattan Cameroun
TSINGA/FECAFOOT
BP 11486 Yaoundé
699198028/675441949
harmattancam@yahoo.com

L'Harmattan Côte d'Ivoire
Résidence Karl / cité des arts
Abidjan-Cocody 03 BP 1588 Abidjan 03
(00225) 05 77 87 31
etien_nda@yahoo.fr

L'Harmattan Burkina
Penou Achille Some
Ouagadougou
(+226) 70 26 88 27

L'Harmattan Sénégal
10 VDN en face Mermoz, après le pont de Fann
BP 45034 Dakar Fann
33 825 98 58 / 33 860 9858
senharmattan@gmail.com / senlibraire@gmail.com
www.harmattansenegal.com

www.ingramcontent.com/pod-product-compliance
Lightning Source LLC
LaVergne TN
LVHW010931061026
849535LV00007B/2339